Tufa Shijian xia Renyuan Zhuanyi yu
Yingji Ziyuan Peizhi Juece Yanjiu

Tufa Shijian xia Renyuan Zhuanyi yu
Yingji Ziyuan Peizhi Juece Yanjiu

突发事件下人员转移
与应急资源配置决策研究

俞武扬　著

ZHEJIANG UNIVERSITY PRESS
浙江大学出版社

图书在版编目（CIP）数据

突发事件下人员转移和应急资源配置决策研究 / 俞
武扬著. —杭州：浙江大学出版社，2016.11
　ISBN 978-7-308-15485-7

　Ⅰ.①突… Ⅱ.①俞… Ⅲ.①突发事件－应急对策－
研究－中国 Ⅳ.①D63

　中国版本图书馆 CIP 数据核字（2015）第 308521 号

突发事件下人员转移和应急资源配置决策研究
俞武扬　著

责任编辑　葛　娟
责任校对　李　晨
封面设计　春天书装
出版发行　浙江大学出版社
　　　　　（杭州市天目山路 148 号　邮政编码 310007）
　　　　　（网址：http://www.zjupress.com）
排　　版　杭州中大图文设计有限公司
印　　刷　杭州日报报业集团盛元印务有限公司
开　　本　710mm×1000mm　1/16
印　　张　12
字　　数　210 千
版 印 次　2016 年 11 月第 1 版　2016 年 11 月第 1 次印刷
书　　号　ISBN 978-7-308-15485-7
定　　价　38.00 元

前 言

自 2001 年美国"9·11"恐怖袭击事件以来,全球各地自然灾害、人为事故和恐怖袭击事件频繁发生,为全球经济、社会的发展蒙上了阴影。如 2003 年中国"非典"疫情,2004 年印度洋海啸,2005年横扫美国的"卡特里娜"飓风,2006 年印度孟买和巴基斯坦发生的爆炸和恐怖袭击事件,2008 年中国南方雪灾和"5·12"汶川大地震,2010 年前后在海地和智利发生的地震,2011 年日本东岸道地震并引发的核泄漏,2013 年袭击东南亚地区的台风"海燕",2014 年马航 MH370 失踪事件和云南鲁甸地震,等等。

面对日益频繁的各类突发事件,各国政府越来越重视对突发事件的处置,不仅从预防的角度加强对制造恐怖事件的侦查力度,而且增加了应对突发事件的资源投入、明确突发事件应急管理的机制、完善各类突发事件应急管理预案。我国自 2003 年"非典"疫情暴发后,对突发事件应急机制及策略等相关研究给予了高度重视,先后建立起了国家、省、市各级突发事件应急体系。2007 年正式实施的《中华人民共和国突发事件应对法》第一次从法律层面明确了应急管理工作的一些重要内容。说明我国应急管理工作已经进入制度化、法律化的轨道。近年来,国际学术界非常注重对应急问题的研究,在各方面的理论研究和实践应用都取得了丰硕的成果,但是由于该领域的研究尚处于起步阶段,还有许多相关工作迫切需要进行深入研究。

当自然灾害、事故灾难、公共卫生事件以及社会安全事件等突发事件发生时,应急响应的一项关键工作就是对受灾人员进行有效疏散并及时运输救援物资和救援人员到达事发现场,防止事件造成的灾害的损失进一步扩大。本书针对突发事件下人员紧急转移和应急资源配置决策问题,结合突发事件的不确定因素,利用情景分析方法和鲁棒优化技术,分别研究了人员紧急转移与车辆配置问题、应急服务设施选址问题、交通网络中断情景下的应急资源配置问题、交通路网保护决策问题以及应急物资中转运输问题。期盼该研究能进一步丰富应急管理理论和知识,为决策者提供理论借鉴和决策指导。

本书的研究工作得到了教育部人文社会科学研究青年基金项目(10YJC630360)、杭州市哲学社会科学规划项目(B13GL09)以及杭州电子科技大学管理科学与工程省高校人文社科重点研究基地的资助,在此表示衷心感谢! 限于作者的学术研究水平,书中难免存在疏漏与不当之处,恳请读者批评指正!

俞武扬

杭州电子科技大学

目　录

1 绪 论

1.1 引 言

近年来,各种危险来源和诱因伴随着全球化的快速进程日益多元化与复杂化,导致难以预测和控制的突发事件频频爆发,给人类造成了触目惊心的危害和巨大的经济损失(见图 1-1)。2001 年美国"9·11"恐怖袭击事件造成 2998 人罹难,联合国发表报告称此次恐怖袭击对美国经济造成的损失达 2000 亿美元,对全球经济损害甚至达到 1 万亿美元左右,并且引发美国政治、经济、军事和外交政策的变化,引发了阿富汗和伊拉克战争,极大地改变了当今世界的政治格局,带来了全球性的影响并延续至今。2004 年印度洋海啸冲击印度尼西亚、斯里兰卡、印度等东南亚沿海国家,夺走了 30 万～50 万人的生命。2005 年"卡特里娜"飓风横扫美国墨西哥湾沿岸地区,造成 1800 多人死亡,数百万人无家可归,财产损失 1000 多亿美元,是美国有史以来最严重的自然灾害。2008 年我国"汶川大地震"造成 69227 人死亡,17923 人失踪,严重破坏地区超过 10 万平方千米,直接经济损失高达 8451 亿元人民币,其中次生灾害导致了 1/3 的损失。2010 年海地地震造成 22.25 万人死亡,19.6 万人受伤。2011 年日本大地震造成 15884 人遇难,2633 人失踪,并导致日本福岛第一核电站 1—4 号机组发生核泄漏事故。2013 年超强台风"海燕"奔袭菲律宾、中国台湾地区和中国大陆以及越南,造成 16232 人死亡,26489 人失踪,经济损失共计 75 亿美元。

为了尽量减少突发事件带来的损失,必须及时采取有效的应急救援措施。在应急突发事件的过程中,无论是对受灾区域人员的救助、各种物资设备的安全转移,还是卫生防疫、灾后恢复重建等一系列救援活动,都需要进行合理有效的统筹安排以达到最佳的救援效果。

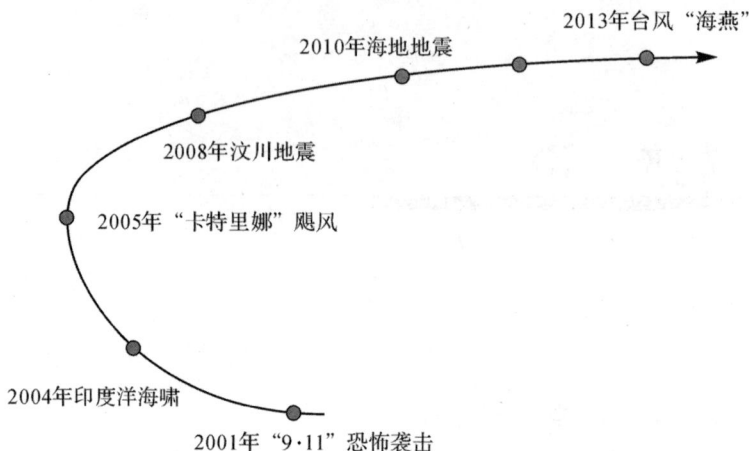

2013年台风"海燕"

2010年海地地震

2008年汶川地震

2005年"卡特里娜"飓风

2004年印度洋海啸

2001年"9·11"恐怖袭击

图 1-1　近年来突发事件的爆发日益频繁

1.2　突发事件定义与特征

2006 年 1 月我国颁布的《国家突发公共事件总体应急预案》第一次对"突发公共事件"进行界定,即"突然发生,造成或者可能造成重大人员伤亡、财产损失、生态环境破坏和严重社会危害,危及公共安全的紧急事件"。2007 年 11 月 1 日起施行的《中华人民共和国突发事件应对法》,把"突发公共事件"修改为"突发事件",并第一次从法律层面对"突发事件"进行界定。该法第 3 条规定:"本法所称突发事件,是指突然发生,造成或者可能造成严重社会危害,需要采取应急处置措施予以应对的自然灾害、事故灾难、公共卫生事件和社会安全事件。"此后,"突发事件"取代"突发公共事件"成为各级党政重要文件、权威媒体和学术研究普遍使用的词汇。

突发事件虽然可以按照不同的分类标准进行分类,但它们又有共同点,突发事件的共同特征可以归结为以下几点:

(1)突发性。突发性是突发事件最重要的一个特征。突发事件一般是在人们没有准备的情况下发生的,人们往往难以预测或难以左右它的发生。随着科学技术的发展,现在已经可以在一定程度上对某些突发事件做出一定的预测,如天气预报、地震预测、台风预测等,但由于许多导致突发事件发生的外在因素与内在机理还没有被很好地认识,因此预测的精确度难以保证。有很多没被预测的突发事件经常发生,典型的如美国"9·11"恐怖袭击事件(见图 1-2)。

图 1-2　美国"9·11"恐怖袭击事件

（2）不确定性。突发事件往往具有高度的不确定性。表现在：一是发生状态的不确定性。突发事件发生的时间、地点、规模等因素通常是无法提前预知的。二是事态变化的不确定性，由于突发事件发生、发展、衍变的过程与外界环境、应对突发事件的应急决策等密切相关，而应对突发事件的决策绝大部分都属于非程序性决策，在这过程中存在许多随时变化的不确定因素，从而使得事态变化具有极大的不确定性。

（3）破坏性。突发事件的破坏性所造成的损失可以分为有形损失与无形损失。一般如自然灾害对于社会造成的可估算的损失为有形损失，许多突发事件特别是一些重大自然灾害对社会造成了严重的破坏，如图 1-3 汶川地震前后的建筑物比较。而如受灾群众的心理创伤、环境与文化遗产的破坏、政府公众形象的影响等属于无形损失。突发事件的破坏性可以分为五方面：对于公众生命的威胁；对各种财产造成的损失；对环境产生的破坏；对社会秩序造成的紊乱；对公众心理造成的障碍。

地震前　　　　　　　　　　　　　　地震后

图 1-3　地震前后的汶川

（4）衍生性。突发事件的衍生性是指由原生的突发事件的产生而导致的其他类型突发事件的发生。如唐家山堰塞湖是汶川大地震后形成的最大堰塞湖，地震后山体滑坡，阻塞河道形成的堰塞湖距北川县城约 6 千米，2008 年 6 月 10 日最高水位为 743.1 米，最大库容达 3.2 亿立方米，极可能崩塌引发下游出现洪灾。图 1-4 为唐家山堰塞湖疏通引流泄洪照电。

图 1-4　唐家山堰塞湖疏通引流泄洪

（5）社会性。社会性是指突发事件会对社会系统的基本价值观和行为准则架构产生影响，其影响涉及的主体是公众。在突发事件的应对过程中，整个社会重新审视以往群体价值观，通过认识与思考，重新调整社会系统的行为准则和生活方式，重新塑造自身的基本价值观。

1.3　突发事件分类分级

美国对于突发事件的研究进行得较早，对突发事件可以从引发原因分为三类，具体见表 1-1。

表 1-1　美国突发事件按原因分类

类别	引发原因	主要事件
第一类	自然因素	水灾、旱灾、风灾、地震、海啸、火山爆发、极端气象、山林野火等
第二类	技术因素	核事故、危险品泄漏、计算机故障等
第三类	人为因素	核攻击、大规模群众性骚乱和非法集合、火灾、交通事故、恐怖事件及恶性刑事案件等

另外,美国从涉及范围又将突发事件从大到小分为五类,并针对每一类别的突发事件,制定了相应的响应级别来负责应急处置,见表1-2。

表1-2 美国突发事件按范围分类及其响应

类别	涉及范围	响应级别
重大国家突发事件	对国家安全和全国范围或局部地区公众生命财产安全构成威胁	联邦级联合指挥
重大跨州事件	对某一个州范围的社会稳定和公众生命财产安全构成威胁	州级联合指挥
重大区域事件	对某一地区公众生命财产安全构成威胁	市县区域联合指挥
重大当地事件	对个人生命财产造成伤害或损失需要立即救助	当地联合指挥
日常突发事件	日常各种一般性突发事件	当地指挥

俄罗斯紧急情况部将灾害事故分为两大类:一类包括火山爆发、地震、水灾、旱灾、海啸等自然灾害;另一类包括化学事故、辐射事故、交通事故、建筑物坍塌、火灾、爆炸、气体泄漏等人为事故,并针对不同灾害事故制定了详细的应对条例。每个条例除了介绍灾害或事故的性质和特点外,还详细列举了各种预防措施以及在灾害或事故发生后采取的各种应对措施。

我国根据突发公共事件的发生过程、性质和机理,把突发事件主要分为自然灾害、事故灾难、公共卫生事件、社会安全事件四类(《国家突发公共事件总体应急预案》),如表1-3所示。

表1-3 基于发生过程、性质和机理的突发事件分类

类型	种 类	本质特征
自然灾害	水旱灾害、气象灾害、地震灾害、地质灾害、海洋灾害、生物灾害和森林草原火灾等	由自然因素直接所致
事故灾难	工矿商贸等企业的各类安全事故、交通运输事故、公共设施和设备事故、环境污染和生态破坏事件等	由人们无视规则的行为所致
公共卫生事件	传染病疫情、群体性不明原因疾病、食品安全和职业危害、动物疫情、以及其他严重影响公众健康和生命安全的事件	由自然因素和人为因素共同所致
社会安全事件	恐怖袭击事件、经济安全事件和涉外突发事件等	由一定的社会问题诱发

为了有效处置各类突发事件,《国家突发公共事件总体应急预案》规定各类突发事件按照其严重程度、可控性和影响范围等因素,分为四级:Ⅰ级(特别重大)、Ⅱ级(重大)、Ⅲ级(较大)和Ⅳ级(一般)。

1.4　应急管理机制

突发事件应急管理机制,是指针对突发事件而建立的国家统一领导、综合协调、分类管理、分级负责、属地为主的应急管理体制,是一套集预防与应急准备、监测与预警、应急处置与救援等于一体的应急体系和工作机制,它包括信息披露机制、应急决策机制、处理协调机制、善后处理机制等。世界各国针对各类突发事件都已经制定了相应的政策与应急管理机制,下面对世界各国的应急管理机制进行简要介绍。

(1)美国应急管理机制。在 20 世纪 60 年代之后,由于自然灾害的大规模侵袭,美国政府开始对应急管理进行长期规划,1979 年美国将原来负责处理灾害与事故的 5 个联邦政府机构(商务部、总务管理局、财务部、核管理委员会以及住房和城市发展部)合并组成联邦一级机构"联邦紧急事务管理局(Federal Emergency Management Agency,FEMA)",统一指挥协调灾害事件的预防和响应工作。美国各州也组织州内各部门力量制定州突发事件处置预案,指导州内地方政府建立预案系统和信息沟通系统,协调救援物资,指挥灾后重建等,并与上一级部门的战略部署保持一致。

(2)日本应急管理机制。日本建立了全国性的应急管理体制,最高的行政权力机构是中央灾害管理委员会(Central Disaster Management Council),由内阁总理大臣担任会长。主要负责制订基本的灾害应急计划以及组织协调工作。

(3)澳大利亚应急管理机制。澳大利亚从 20 世纪 80 年代开始重视应急管理事务,澳大利亚联邦应急管理署负责全国应急管理工作,隶属于澳大利亚国防部,是联邦层面的管理机构。澳大利亚各州也设立了应急管理部门,辅助、指导地方管理部门的应急管理工作,其中各州是处理应急管理事务的主体。

(4)其他国家应急管理机制。俄罗斯在 1994 年成立了负责处理突发事件的紧急情况部,主要处理俄罗斯的民防事务,突发事件类型包括人为灾害、自然灾害、公共卫生事件等。英国应急突发事件的主体是地方政府,通常由地方政府组织当地力量处理突发事件,并向上级部门寻求支援。

1.5　应急管理关键因素

自然灾害等突发事件的发生是难以避免的,但是通过较为全面地分析应急环境中的各种影响因素,确定更为符合实际情况的应急救援方案,可以在很大程度上降低各类突发事件所带来的人员伤亡和财产损失。从世界各国的防灾减灾实践中可以发现,以下两方面对于提高应急救援效率、防止和减少人员伤亡有着极为关键的作用。

(1)当灾害影响范围较大并且存在较强的破坏性时,防止和减少人员伤亡的关键措施之一就是制定合理的应急疏散决策。如 2005 年 8 月飓风"卡特里娜"袭击美国南部墨西哥海湾区域时,新奥尔良及周边地区疏散了近百万人;2007 年加利福尼亚南部火灾,100 万左右的居民得到疏散;2009 年 8 月台风"莫拉克"袭击浙江,浙江全省紧急转移 87.8 万人。

(2)为了及时有效地对突发事件进行响应,需要在必要的时间、地点,准备必要的应急救援物资,并且在突发事件发生后,对所配置的应急资源配置安排合理调度。我国目前已建有天津、沈阳、哈尔滨、合肥、郑州、武汉、长沙、南宁、成都和西安 10 个中央级救灾物资储备库,并且规划将 10 个中央级储备库增加到 24 个。全国 31 个省(区、市)和新疆生产建设兵团建立了省级救灾物资储备库,251 个地(市)和 1079 个县(市)也建立了相应的救灾物资储备库和储备点。

我国《国家突发公共事件总体应急预案》将应急资源分为人力资源、财力保障、物资保障、交通运输保障、医疗卫生保障及通信保障等。2015 年国家发展改革委员会办公厅印发的应急保障重点物资分类目标将应急保障重点物资分为四个层级。第一层级主要体现应急保障工作的重点,分为现场管理与保障、生命救援与生活救助、工程抢险与专业处置 3 个大类;第二层级将保障重点按照不同的应急任务进一步分解为 16 个中类;第三层级将为完成特定任务涉及的主要作业方式或物资功能细分为 65 个小类;第四层级针对每一个小类提出了若干种重点应急物资名称,阐明了各类作业所需的工具、材料、装备、用品等支撑条件。

应急资源的配置是指为这些突发事件而对物资、人员和资金的需求进行紧急保障的一种特殊活动。与平常状态相比,应急资源的配置具有如下特征。

(1)紧急性。突发事件大多发生突然,变化剧烈,要求应急资源的配置决策快速、有效,以保证应急救援任务能够及时完成从而控制突发事件所造成的损失。

(2)不确定性。由于突发事件发生的时间、地点、规模等具有不确定性,一般情况下难以进行有效的预测,而且突发事件发展演变的过程中同样涉及众多的不确定因素,因此在应急反应初期通常无法准确地预测各类资源如救援物资、救援人员的需求量和供给量；同时，由于交通运输网络可能在突发事件中遭到破坏，应急资源的运输调度时间也相应具有一定的不确定性；这些不确定因素相互影响、相互交织，使得应急资源的有效配置更加复杂和困难。

（3）弱经济性。在应急响应中，为了尽可能控制突发事件事态蔓延、减少人员伤亡和财产损失、尽快恢复社会秩序，通常成本与经济效益不再是考虑问题的唯一目标，而是更多地结合一些非经济目标进行决策。

（4）资源有限性。突发事件的破坏性决定了当突发事件发生后，对应急救援物资和人员的需求在短时间内剧增，通常不会有充足的资源完全满足这些需求。

因此，为了最大程度预防和减少各类突发事件给人民群众的生命财产安全带来的威胁，必须及时采取有效的应急救援措施。在应对突发事件的过程中，无论是对灾害影响范围内人员的应急疏散、各种物资设备的安全转移，还是各种应急服务设施的选址、各种应急救援物资的配置与调度，都需要进行合理有效的统筹安排，建立高效的应急管理机制来应对各种突发事件。

1.6　主要内容与创新点

内容界定：本书针对突发事件下人员从受灾地区疏散至避难场所的应急疏散问题、应急服务设施选址问题以及应急资源调度问题进行研究。其中人员疏散问题研究范围界定于一定区域内需要利用运输工具从受灾区域向避难场所进行的大规模人员应急疏散，而不是建筑物或某些公共场所（如体育场、地铁等）内部向出口的应急疏散问题。应急资源调度问题主要针对应急物资以及交通保障物资，不包括人力资源、财力保障、医疗卫生保障及通信保障。

研究方法：本书主要运用运筹学、应急管理学、物流管理学的相关理论，采用情景分析与鲁棒优化技术对随机及不确定情形进行建模处理，再结合现代智能优化方法如遗传算法、模拟退火算法以及一些启发式策略，研究突发事件背景下人员应急疏散、应急服务设施选址以及应急物资调度这三类问题，采用问题分析、构建模型、设计算法、实验仿真这样的思路进行研究。

本书共安排八章内容，具体如下：

第1章为绪论，重点描述本书研究的背景与相关领域现状及存在问题，提出所要研究的问题并对研究涉及的主要概念进行说明与界定，对研究的框架、研究方法与本书的章节安排进行简要的说明。

第2章为相关文献的研究评述,对国内外相关文献资料进行调研,搜集相关资料,研究国内外应急管理领域现状与发展趋势。

第3章是鲁棒优化方法介绍,首先介绍鲁棒优化方法的主要分类,然后是基于情景集的鲁棒优化方法以及基于不同确定集合的三种主要鲁棒优化模型。

第4章是人员应急疏散决策问题研究,研究具有一定响应时间的突发事件下人员应急疏散决策,首先分析确定情况下人员与应急疏散车辆的调度问题,再结合随机与不确定情况分析人员与应急疏散车辆的配置、调度以及与避难所之间的协调安排。

第5章是应急服务设施的选址问题,从两个角度确定不确定情景下的应急设施选址问题,第一个角度是从路径行车时间的不确定性产生的风险出发,以最小化总风险为目标进行研究;第二个角度是在突发事件造成的应急服务设施服务能力受损及影响需求点应急需求的前提下,利用情景分析方法研究基于双重覆盖率概念的应急服务设施选址问题。

第6章是在交通网络中断情景下考虑应急资源的配置问题,其中主要涉及不确定性的处理,利用情景分析方法以及鲁棒优化技术,对交通网络中可能产生的路径中断的情况下的应急资源配置问题进行了研究。

第7章是在交通网络不确定中断的情景下研究对于道路的保护策略,同样是基于情景分析以及鲁棒优化决策思想,从提高应急救援效率出发,在研究给定预算前提下的道路保护策略。

第8章是关于应急物资的中转运输问题的研究,结合中转运输与直达运输两种模式,在考虑时间满意度以及应急物资需求量的不确定性情况下对应急物资的中转运输进行了研究。

本研究是在前人大量研究成果的基础上的进一步深入研究,在理论与应用上都有一定的创新,创新点主要表现在以下几个方面:

(1)将人员应急疏散与应急疏散车辆的配置与调度协同研究疏散决策方案;

(2)结合不确定性研究应急服务设施选址问题,并对问题涉及参数进行详细分析;

(3)研究了交通网络中道路中断情形对应急物资配置的影响;

(4)从保障应急救援效率的角度研究了交通网络保护策略。

2 相关研究综述

2.1 应急疏散问题研究

对于许多突发性灾害事件,防止和减少人员伤亡的关键措施之一就是制定合理的应急疏散决策,将受灾区域民众有组织地疏散至事先选定的安全的避难场所。Hooke 和 Newkirk 的研究表明,过去十年中自然灾害的发生频率及严重程度呈现增加的趋势,另外如 Plowman 和 Barrett 等的研究显示由于人口增长及城市发展速度超过道路等基础设施能力增长速度,大规模应急疏散将越来越困难和费时。近年来国内外学者对应急疏散进行了多角度、多层次的深入研究,下面将应急疏散问题的相关研究分为五个部分进行简要的综述。

2.1.1 应急疏散机理研究

关于应急疏散相关机理研究主要分为两大类:一类是基于突发事件发生、发展、演化的机理分析;另一类是关于应急疏散过程中对于公众行为的分析。

Barrett 等根据突发事件爆发地点和扩散方式的不同将突发事件分为两大类,一类是在固定地点发生,事件的威胁由一集中点向周围辐射蔓延,这类突发事件多为如爆炸、化学品泄漏、恐怖袭击等人为灾难;另一类是边爆发边移动,危险范围沿着事件的移动方向改变,如洪水、飓风等自然灾害。由于两类突发事件的发生与发展具有不同的特征,导致应急疏散范围、疏散方式、疏散路线以及疏散目的地等都有很大的不同。Choularton 在研究中指出,由于突发事件有突发性、灾难性、综合性和影响扩散性,使得现有的公共管理体系在预测、控制和处置上具有较大的难度,因此需要建立一套快速高效的预警、救援及安置的应急管理系统,以有效防范突发事件,使损失最小化。

　　Baker认为应急疏散行为分析主要研究以下内容:疏散人数比率(撤退人数占疏散区域总人数的比率);疏散指令发布多长时间后人员开始撤离;避难所使用率;疏散后离开当地的人数;用于疏散的车辆数。由于发达国家人口少,私人汽车保有量高且居住地较为分散,应急疏散模型多为家庭成员自驾汽车撤离危险区域,在对家庭疏散的研究中,应急疏散指令可分为强制疏散、警告疏散和自愿疏散三类,Church和Cova的研究认为家庭是否撤离的决定主要基于四方面:对疏散指令的信任度;对风险的感知度;对疏散方案的经验认可度;接到疏散指令的家庭之间的关联度。

　　在疏散过程中,撤离者要对目的地进行选择,Southworth和Chin在对洪水灾害疏散的研究中,提出了四类选择模式:从距其最近的出口撤离;四散撤离危险区域,其撤离方向主要依据威胁抵达速度及前往的位置确定;前往疏散预案中指定的目的地;根据道路交通条件选择离开危险区域的路径和方向。Sinuany和Stern基于行为的交通模型研究了行人、车辆、交叉口行程时间、路径选择变化等因素对路网疏散时间的影响。Dow和Cutter的研究认为,公众对于疏散过程的参与程度取决于其对政府疏散方案的信赖程度,公众响应所需如疏散路线、灾害范围及严重程度、风险评估、地图信息等信息中与交通相关的信息被认为是最重要的,从而说明交通组织对疏散的重要性。

　　国内学者对于应急疏散的相关研究起步较晚,但在应急疏散机理相关的研究中也有一些学者做出了重要的工作,如吴国斌和王超依据重大突发事件的扩散过程,采用实证模型方法,分析了重大突发的扩散路径,得到了重大突发事件的扩散方式、扩散阶段及特征、影响重大突发事件扩散的主要因素,并针对重大突发事件预警管理模式的构建提出了建议。韩传峰等根据系统科学理论分析非常规突发事件决策系统内部结构,构建SD因素关系模型,研究非常规突发事件应急决策系统各子系统间反馈机制和相互耦合机制及应急决策动态调整机理,提出非常规突发事件应急决策系统优化建议。

　　吴薇薇和宁宣熙针对紧急疏散网络中由于流动方向不可控造成节点堵塞的情况,提出了两种网络改造方案,分别利用随机流动仿真试验得出不同改造对网络饱和流的概率分布的影响,利用网络期望流通值与随机饱和流的偏方差值两个评价指标对改造过程进行了分析比较,分别找出两种改造的最佳方案。吴薇薇和宁宣熙针对紧急疏散网络中的堵塞现象,提出了网络中边容量有上限防堵塞的最小费用改造模型,在此模型的基础上讨论了改造费用取值不同时的应用,数值试验表明该模型可有效地解决紧急疏散网络中的堵塞现象。

王建伟和荣莉莉基于复杂网络的相关理论和方法,建立了一个突发事件连锁反应网络模型,通过收集近十年的四类典型突发事件案例,分析了所建立的突发事件连锁反应网络模型的网络拓扑特性,发现突发事件连锁反应网络服从无尺度分布,网络的平均路径长度为3.2,集聚系数为0.15,相关系数为负相关,为应对突发事件的应急预警和综合减灾起到辅助决策作用。荣莉莉和张继永从系统角度出发,研究了各类突发事件之间的不同关联,分析了突发事件演化的不同模式,提出了突发事件点、链、网、超网间的4层演化模式框架,并针对突发事件的不同演化模式进行了分析,最后通过实例说明了突发事件的4种演化模式。

四兵锋等在分析城市混合交通网络中主要交通方式的运行特性的基础上,包括运行速度、平均乘客人数以及道路资源的占用率等,从出行者的出行需求角度出发考虑了不同道路条件下不同流量之间相互影响的因素,构造了城市混合交通网络的路段阻抗函数。

何理等针对乘客在地铁突发事件下的疏散行为特征进行了研究,利用调查问卷和统计分析方法,对南方某城市地铁两个车站的乘客在突发事件下的疏散安全行为进行调查的统计分析,初步分析了地铁乘客在突发事件下将会表现的行为和心理特征,为地铁运营安全管理和应急预案的制定提供了一定的参考。林姚宇等从行为学视角出发,剖析了突发灾害条件下居民疏散避难决策行为的相关特征,构建了居民避难场所及疏散路径选择的理论模型,其分析有助于指导和完善住宅区防灾减灾规划与设计,以形成合理的避难空间布局及安全、可识别的应急疏散体系。

2.1.2 应急疏散交通分析

应急疏散交通分析是在疏散行为分析的基础上,对路网和街区进行综合评估,主要内容包括:确定突发事件情景(需要对不同类型的突发事件进行交通分析);确定应急疏散交通区域;确定疏散区域的人口统计特征,如受到风险威胁的人口比例与各区域需要疏散的人口数量等;分析在灾害情况下道路交通条件的变化;确定在疏散中需要担负主要交通量的道路或街道;计算疏散需求量以及疏散交通区的出行方式及吸引点;疏散交通的OD分配;疏散交通路径选择以及疏散时间估算等。

Lewis首次描述了飓风时交通需求预测的一般方法,该方法与城市交通需求预测方法相对应,提出了应急疏散交通规划的一些关键性问题:应急疏散交通形式、应急疏散交通需求估计、应急疏散清空时间估计和交通控制方法等。Southworth 针对区域应急疏散建模进行了综述,指出区域应急疏散建模过程应划分为五个阶段:①疏散交通需求预测子模型(包括疏散总人数预测和疏散交通机动化程度预测);②疏散响应时间子模型(又称为疏散交通加载率);③预测终点选择子模型;④疏散交通路线分配子模型;⑤疏散方案设定、分析和修正。

Franzese 和 Han 提出了一个事故管理决策辅助系统用于飓风应急疏散分析,其步骤如下:①根据所面临的灾害,将疏散区域划分为紧急响应区、保护区和预警区;②确定处于紧急疏散区的人口数,包括常住居民、旅游者和一些临时人口;③基于行为分析估计实际疏散的人口数,这一步包括:出发时间估计、终点选择和车辆使用率估计,将所有结果以动态 OD 表形式连同疏散网络输入交通模型,然后对不同路径的分配方案、终点选取方案、交通控制策略进行评价与对比。

Liu 提出了一个区域疏散的集成控制系统框架,该系统能够同时执行不同的控制措施如:交通路线诱导、逆行车道开辟、分阶段疏散和关键疏散通道的信号控制。系统通过双层控制实现,利用网络层进行交通分配,并能选择路段实现逆行车道开辟以及标定疏散区域的疏散顺序,通道层将网络层决策作为输入,标定重要的控制点进行最优的信号分配。

区域应急疏散规划过程中首先要明确出行交通需求,在需求明确的基础上才能够实施有效的疏散交通管理措施,疏散交通需求取决于很多因素,如土地使用类型、疏散发生时刻和疏散类型。在预测应急疏散交通总需求量上,目前主要采用的方法是参与率法、四阶段模型中用于交通生成预测的方法、Logistic 回归模型、人工神经网络模型和危险/生存模型。Mei 分别应用 Logistic 回归模型和三种人工神经网络(ANN)模型预测了飓风应急交通需求,在相同的前期预测信息条件下,Logistic 回归模型和反向传播神经网络模型的预测效果更为准确。Fu 根据风险/生存分析理论,将考虑协变量随时间变化而变化的 Cox 比例风险回归模型和分段指数模型应用于飓风疏散交通需求预测,该模型是基于人们疏散是随时间推移的假设,构建次序 Logit 模型和次序互补的 Log-Log 模型来预测不同时间段人们疏散概率。

国内也有少数学者在应急疏散需求预测方面进行了一定的研究,林建新等建立了分析应急交通资源优化配置的避难场所定位模型以及预测应急交通需求分布的运输问题数学模型,以确定人员运输需求量分布 OD 矩阵和物资运输需求量分布 OD 矩阵,提出了一个改进应急交通需求时变曲线函数。耿彦斌和韦献兰提出广义 S 型行为反应曲线概念,在不同集结点疏散时间要求的反应参数各异的基础上,建立了广义 S 型需求加载曲线模型,并给出了单位时段疏散百分比的分析方法,设计了分时段应急交通 OD 需求矩阵的求解算法,从而建立应急交通需求时空分布模型。谢青梅提出一种基于 Logistic 回归的应急疏散交通出行生成预测模型,通过对厦门市居民地震交通疏散问题的调查数据分析,应用 SPSS 统计软件进行 Logistic 回归建立应急疏散交通出行生成预测模型,预测在地震灾害中居民选择疏散出行的概率,进而获得突发事件的交通疏散需求。李蜜等在假定不破坏城市道路的基础上,以四阶段法对不可预警的突发公共事件下的应急交通疏散进行分析,利用类型分析法对突发事件下的城区交通需求进行预测,得出应急交通矩阵的求解议程,对应急疏散所需车辆及往返次数进行了预测,然后结合路网情况和时间因素改进应急交通需求量的加载模型。

2.1.3　应急疏散路径选择

应急疏散路径选择是应急疏散的关键,直接决定着疏散方案的时间效果。许多学者在应急疏散路径选择方面做了众多重要的研究工作。如Yamada 运用最小成本流模型对交通流疏散分配问题提出了最短路径撤退计划方案,该模型是以疏散者撤离至所选避难所的行程总和最小化为目标函数,这种方法也适用于路网情形,即在最短行程距离的优化目标下,路网中车辆均行驶至与其最近的区域出口进行疏散,但是在复杂的交通路网中将所有车辆分配至离其最近的出口容易引起严重的拥堵,并且在实践中也很难实现。Campos 基于图论中的最短路径算法,以最大化总通行能力与行驶时间比为目标建立了应急疏散路线决策模型,并在核电站事故背景下研究了疏散点与避难所的 k 条最优独立疏散路径方法。Stephan 和 Macgregor 提出了疏散时间最短、路径长度最短、拥堵最小的多目标模型解决疏散路径优化问题,但是在求解中通过加权平均的方法将多目标转化为单目标优化问题,得到的解是单一的最优解而非一组 Pareto 最优解,其实质仍是单目标优化。

动态网络是通过引入车辆的不确定性机制,将传统静态网络增加时间维度从而形成动态变化情况下的网络,基于动态网络流模型进行交通疏散优化,与现实情况更加相符,可以在整个疏散时间段内发挥交通系统的性能。众多学者开始进行动态路网背景下的应急疏散路径选择研究,如Sattayhatewa 等针对核电站事故疏散问题,提出了一个 DTA 疏散路径分配模型,该模型以路段流量守恒、节点流量守恒和流传播守恒作为约束,给出离散时间段中每个时间段每条路段的流入和流出率。Cova 和 Johnson 提出了车道的疏散路径规划概念,建立了最小费用流扩展模型,该模型在最小化总出行距离的同时还可以限制交叉口的冲突,对于每个交叉口的通行方式给出了相应的图谱,并在具体的疏散实践中验证了该方法的有效性。Miller等在假设路段的出行时间和通行能力都随着时间变化的前提下,提出了通行能力时变路网上的最快流问题,以节点处的流量守恒和路段实际流量小于路段通行能力限制为约束,建立了时变路网最快流模型。

同样,国内学者在应急疏散路径选择方面也做出了不少重要的研究,张江华等考虑了多源点间疏散的相互影响,同时考虑存在优先顺序的多源点和容量限制情景下的应急疏散问题,建立了多源点疏散模型,通过引入K短路概念,并行处理多源点多线路的疏散过程,实时更新网络容量,从而得出满意的疏散路线和最短的疏散时间。李进和张江华针对多源多汇和容量限制情形下的应急疏散问题,以总疏散时间最小为目标函数,建立了基于路径的网络流控制应急疏散模型,设计了基于图论中网络优化思想和流控制理论的快速求解启发式算法,算法的计算复杂度表明该算法为一多项式算法,最后通过算例验证了模型和算法给出的疏散策略是有效的。

王旭坪等基于情景分析方法,建立了在应急条件下路网环境的情景分析树和应急路网的理想路径,将应急路网情景蕴含在具有不确定性的多属性向量中,然后构建了嵌入情景的应急路径选择模型并给出其求解算法,最后通过算例对基于情景分析的应急路径选择方法的可行性和有效性进行了分析与验证。张雄飞等针对在地震、飓风等自然灾害或人为灾害条件下,大规模路网疏散时交通控制设施和管理人员有限,难以覆盖交通网络的所有交通节点的情况,提出了一个混合整数非线性规划模型,以确定最优的交通控制节点选址,并同时确定这些控制节点的最佳交通控制策略,以最大限度地减少整个交通系统成本。胡勇等利用几何基进行网络编码,构建多维地理网络拓扑结构的几何代数邻接矩阵表达,建立了基于几何代数的最短路径算法,构建了多目标约束的应急疏散模型。马军平等提出了起讫点间最优抗出错路径选择模型,定义了路径出错系数,用以度量疏散路径选择错误带来的疏散效率损失,并设计了求解最优抗出错路径的DAE算法,结果表明,选择最优抗出错路径作为疏散路径能够有效抵抗由于路径选择错误带来的损失。

动态网络应急疏散方面的研究相对较少,张毅华和陈森发通过建立元胞传输模型,研究了紧急事件下动态网络交通流应急疏散问题,发现将车流离散化处理成单个车辆可以有效地克服网络规模较大时运算效率低的缺点。模型采用时间步长法进行模拟,紧急疏散车辆路径的确定与各路段的走行时间密切相关,仿真实例说明模型和算法提高了紧急事件下网络动态交通配流的应用效果。高明霞与贺国光在假设路段走行时间等路网特征的变化与时间及路段或路网的交通负荷相关的前提下,提出了一个动态系统最优的疏散路线与出发时间优化模型,其中采用基于加载仿真的非解析式表示流量传播约束来反映路段走行时间随道路负荷变化的实际情况,设计了基于加载仿真的启发式算法。

马浩博等设计了有通行能力限制的多出口疏散路径整数规划模型,采用将回溯算法和二分搜索算法结合的算法进行求解,将各弧段上的通行速度表示为时变的连续递减函数,并对不同弧段的速度函数设置了不同的衰减参数。最后结合汶川地震中四川大邑县的地震应急疏散图作为案例进行了仿真。王永明等分析了非常规突发事件影响下的交通组织特性,基于元胞传输模型设计了疏散目标函数和疏散特性约束,构造了非常规突发事件影响下限定时间的区域路网疏散能力评估与交通组织设计模型,针对不同层次的需求,模型可以整理为完整模型和简化模型两种形式,在求解计算方面具有不同的特征。该设计包含路网结构和非常规突发事件场景的算例应用,完整模型和简化模型分别对算例进行了路网疏散能力评估和交通组织方案设计,评估结论一致,获取的交通组织方案可行且各具特征。

2.1.4 应急疏散交通组织方法

Urbina 和 Wolshon 提出了突发事件下具体交通组织管理策略:实施公交疏散、车道实施反向流和建立智能交通管理系统。Cova 提出了基于不同策略(即减少交叉口冲突点及合流点,减少多车道变化车道)的疏散路径寻找方法来提高应急疏散效率。Post 和 Jernigan 研究了四车道高速公路的两种不同逆行车道设计策略:驶向灾害区域的两条车道全部转换行驶方向和仅转换其中一条的行驶方向。在美国东南部的飓风疏散研究结果表明,危向行驶的两条车道全部转换行驶方向,相对于正常情况下的两车道疏散,网络疏散性能提高了近 70%,仅转换一条车道的行驶方向大约会使网络疏散性能提高 30%。Tuydes 提出了一个路段组对(Link-Coupling)方法来实现逆行车道选择,通过标定网络中哪些车道实行反向行驶后可以提高整体网络疏散效率,再利用系统最优的动态交通分配来获取最优的通行能力分布状态。

Mitchell 和 Radwan 对影响分阶段疏散决策的区域参数进行了研究,分析了如人口密度、疏散道路通行能力、与避难所的距离以及与主要疏散路径的距离等因素。Tuydes 和 Ziliaskopulos 提出了一个混合线性整数规划模型,同步优化了目的避难所和疏散路径选择以及区域分阶段疏散安排。

Sayyady 和 Eksioglu 提出了一个求解突发事件下基于公共运输系统的应急疏散模型,其目标函数是最小化总疏散时间及受灾人数,模型中结合了交通流仿真软件包以及模拟动态交通网络,提出了一个禁忌搜索算法以寻求交通车辆的疏散路线。除了对应急疏散中普通客运疏散车辆路径进行研究,Yang 等还在一般指派问题的基础上,提出了紧急疏散区内的特种应急救实时救援车辆(如救火车、救护车、警车等)的在线优化指派和巡回救援动态最短路径优化模型,模型对缩短应急救援反应时间以及增强救援效果的作用可以通过 GIS 信息辅助平台的交通仿真试验进行评价。

陈茜等分析了大型活动中突发事件对交通流分布的时空影响特征,总结了突发事件下常用的交通管制和疏导措施,将静态多路径交通分配方法与元胞传输模型(CTM)相结合,提出了突发事件下的准动态交通分配方法。宋瑞等在提出飓风等自然灾害条件下运用公交车进行居民紧急疏散的优化模型,最优公交车疏散运行计划问题可转化为不确定需求的选址—路径优化模型,目标函数是使总疏散时间最小,选址—路径优化模型用于确定最有效的公交车集结点服务区域和将人员从受灾区域转移到指定避难所或安全地区的最优线路,设计了将遗传算法、神经网络算法和爬山算法结合的混合启发式算法。黄隆飞等基于我国城市家庭小汽车普及率较低的现状,构建停车场、车站以及避难所三者组成的疏散网络。以车辆总疏散行程时间最小为目标,建立以公共交通工具(客车)作为主要工具的紧急疏散路径优化模型,并设计基于最小费用最大流的求解算法。

宗欣露等为解决紧急情况下人车混合疏散问题,以人车混合疏散的总时间最短、混合道路利用程度最高为目标,建立了一种人车混合疏散的多目标优化模型,针对该模型设计了多目标蚁群优化算法及改进算法,并应用于大型体育场及周边路网集成环境中进行了仿真实验,分析了不同人车混合情况比较下的疏散性能。俞武扬在情景模式影响疏散点人员数量及疏散最晚完成时间限制的条件下,研究了避难所应急疏散车辆配置计划及各种情景模式下的车辆出车任务安排,建立了车辆配置计划与出车安排相结合的双层规划模型,并设计了求解模型的模拟退火算法。

2.1.5 应急疏散仿真研究

国内外对于应急疏散的研究,在理论上主要包括数学模型方法和计算机仿真模拟方法。由于道路交通网络和突发事件应急状态存在着各种不确定因素,很难精确地估算数学模型方法所需的各种参数,而交通仿真系统能够在不影响现实路网运行的情况下通过仿真平台模拟实施交通管制措施,并且可以考虑多种非确定因素,比传统数学模型得到的解更具说服力,仿真效果也更接近于真实情景。因而该研究领域越来越多地采用交通仿真来模拟应急疏散过程、评估应急疏散方案的效果。

Sinuany 和 Stern 运用基于行为的微观仿真系统模拟小城市放射性突发事件的应急疏散情况,将路网疏散时间对行人、车辆保有量、交叉口行程时间和路径选择变化等因素进行了灵敏度分析,得出在疏散路径和交叉口分布均匀的条件下,行人与道路交通的相互作用有对路网疏散时间影响最大的结论。Church 和 Sexton 根据不同人口密度产生的交通需求不同,提出了疏散车道需求率的概念,并运用 PARAMICS 仿真系统对加利福尼亚州圣芭芭拉地区的野火疏散进行了研究,得出疏散车辆数、疏散出口位置、主要道路交通流控制和交叉口信号控制这四种因素对应急疏散时间的影响最大。Chen 和 Zhan 对棋盘状、环状和真实路网在紧急情况下的分批疏散和同时疏散进行仿真,研究结果表明当交通流为自由流分布且道路不拥挤时,同时疏散比分批疏散更快;而在拥挤情况下,棋盘状路网上分批疏散比同时疏散效果更好,而在环形和真实路网上效果则不明显。

褚龙现和刘高原根据突发事件出现的等级,选择安全区域并采用适当的疏散方式,选择受灾区域的周边安全区域作为避难所,通过分析影响应急下人员选择目的地的因素,对人员疏散行为直观分析并结合人机功效评估,建立了基于 Agent 的应急疏散人员避难所选择模型,可以模拟不同情况下的疏散动态。安实等以被疏散者的家庭集聚行为为研究对象,结合台风"莫拉克"灾害背景,利用 Matlab 及仿真软件 Starlogo 对近饱和、饱和以及过饱和三种情况下家庭集聚行为对疏散路网总体清空时间的影响进行分析,仿真结果表明家庭集聚行为将会导致疏散路网清空时间增加约 15%。吴健宏等结合 Agent 模型和 GIS 系统构建了城市大范围人员疏散仿真系统,采用 A* 算法建立了 Agent 的路径选择模型,讨论了基于最短距离、最短时间和混合型的三种路径选择策略,基于实际的城市道路和人口数据构建疏散场景进行模拟,结果表明:步行方式下,不同路径选择策略下总体疏散时间差别不大,而车辆方式下则差别很大,不同路径选择策略下,交通流的分布呈现不同特征,道路的拥挤路段和节点也不一致,因此需要采取合适的诱导策略进行引导。隋杰等以社会力行人疏散仿真模型为基础,将毒气扩散模型添加到仿真环境中,改进原有的社会力模型,建立符合地铁站发生毒气恐怖事件时的行人应急疏散模型,最后利用提出的仿真模型模拟地铁站突发毒气恐怖事件的背景下对乘客进行疏散的过程,指出及时发现毒气源、有效引导疏散的重要性。

牟瑞芳等在参考 Helbing 社会力模型建模思想的基础上,分析和量化影响熟悉环境人员疏散行为的主要因素,同时引入可翻越度概念区分不同属性障碍物对人员疏散行为的不同影响,并结合分子模拟原理建立仿真模型,最后用 C♯ 编程语言实现了一个具有虚拟场景的模拟。张丽娟等结合元胞自动机对信息表达和机器人对行为表达的优势,将疏散个体看成具有分析决策能力的智能体,采用模块化结构构建了基于元胞自动机的智能决策模型,通过疏散时间模型、方向选择模型、通道吸引力模型等模拟的组合,实现对复杂疏散行为的描述,对大型超市疏散过程的模拟表明了模型的有效性。李世威和牛惠民通过定义行人方向模糊可视域,改进了层次域元胞自动机模型,模型中行人目标位置选择行为受到距可选位置的相对距离、方向模糊可视域内的行人之间的排斥力和吸引力三种因素的共同作用,分别模拟单出口和四个出口,并且行人服从均匀分布的应急疏散场景。

2.2　应急服务设施选址研究

应急服务设施诸如应急医疗救护中心、消防中心、避难场所、应急车辆等的合理选址对于应对突发事件、及时提供应急救援服务具有十分重要的意义。一般情况下,选址问题与资源配置应该联系在一起进行考虑,但对于有些选址已经确定的问题,就需要单独考虑资源配置问题,反之有的应急服务设施选址问题也只考虑应急服务时限而不考虑应急资源的配置情况。

2.2.1　国外研究现状

经典应急设施的选址问题多是针对一些常规突发事件,如火灾、交通事故、病人救助等。主要包括三类典型模型:覆盖问题模型、p-中心(P-center)模型、p-中位(P-median)模型。Jia 等建立了大规模突发事件下医疗服务设施选址框架模型,所提模型可根据不同突发事件改变目标函数及少量约束条件而转变成最大覆盖模型、p-中心模型及 p-中位模型。其模型框架中重点是:①考虑了不同需求点对提供服务的设施数量;②以需求点与设施之间的距离作为服务的质量进行约束;③考虑不同等级突发事件对服务设施的能力因素的影响作用。

Mete 等建立了一个两阶段随机规划模型,用于确定最优的药品储存点及相应的库存水平,该模型是基于情景分析的概率模型。在第一阶段,决策变量为选址的 0-1 变量及库存水平变量以及第二阶段对应于各种场景的期望解;第二阶段模型是以总的调运量及未满足需求的惩罚值为目标函数。

为求解其中的车辆匹配问题,书中又提出了一个混合整数规划模型进行求解,最后针对地中海地区的地震危害,按不同震级及地震发生的三种不同时间,对地震的危害进行了六种场景的分类,在给定一些合理假设基础上对仓库选址及库存水平的设定进行了求解。

Murali 等针对生物恐怖袭击事件中需要紧急分发大量药物给市民的情形,考虑了距离相关的覆盖函数和需求不确定性,以最大化覆盖率为目标研究容量限制选址问题,并以一个损失函数对距离敏感的需求为例建立了最大覆盖选址模型,该模型可以决定设施点的位置、每个设施配备药物的数量以及需求点与设施点的服务对应关系,给出了一个选址－定位启发式求解策略。

由于一些大规模的突发事件经常给所建立的应急服务设施造成一定程度的损毁,因此学者们开始研究考虑设施失效情景下的选址问题。这类问题最早由 Drezner 提出,他分析了导致设施失效的四种原因:①设施由于自然灾害被破坏;②设施由于人为原因被破坏;③设施正在为某个用户服务,因此无法为其他有需求的用户服务;④关键交通道路拥堵。进而研究了设施失效情景的 p 中心模型和 p-中位模型。Snyder 等针对供应链设施因损毁而中断的情形,在假设所有设施失效概率相同的条件下设计了固定费用可靠性设施选址模型。Huang 等针对大规模突发事件下所建立的应急服务设施可能失效的情况,构建了基于这一假设的 p 中心选址问题模型,提出了一个动态规划方法求解直线型网络上的选址问题,并且对于一般网络的最优选址问题给出了一个高效的算法。

Scaparra 等提出设施的可靠性可能通过合理的保护及保障手段实现,并且据此提出了一个 p 中值保护模型,以最小化期望加权距离之和为目标对固定数量设施保护决策进行研究。Losada 等从加速设施失效后恢复的角度,提出了一个用来应对最坏情景的无容量限制库存设施双目标混合整数规划保护模型。

Medal 等在假设应急设施失效数量给定的情形下,同时考虑选址与保护两种降低设施失效风险的措施,利用鲁棒优化方法建立了一个多目标选址模型用于分析失效前后的权衡关系。由于鲁棒方法考虑了最坏情景,因此他们的假设可以等价于确定失效数量的所有可能情景。Akgun 等将需求点的风险作为遭受灾害的威胁、易损性(设施失效的概率)以及需求未能满足的惩罚值的共同作用来衡量,其中需求点的易损性通过故障树分析方法分析,建立了应急灾害的应急设施选址模型。

2.2.2　国内研究现状

方磊与何建敏针对在城市应急系统选址决策中应急限制期和应急服务设施点的建设费用(数目)都相当重要的前提下,提出了应急限制期下的应急选址模型,并提出了基于分支定界方法的应急选址模型的算法。姜涛和朱金福为解决不确定情况下应急设施选址问题,采用鲁棒优化方法处理应急节点权重的区间估计,以最优的设施选址到各个应急节点的赋权距离之和最小化为目标建立有限制要求的不确定应急设施选址模型,并给出了模型的求解算法,比较分析了鲁棒解与确定情况下的最优解。许建国等提出了应急资源需求周期性变化的选址与资源配置模型,针对需求周期性变化的情况把选址与各个时间段的资源配置结合起来确定服务设施地点,在所有需求点一定比例需求量均被满足的前提下一个使周期内需求点被满足的总需求量最大化。

葛春景等针对重大突发事件应急响应的特点,引入最大临界距离和最小临界距离的概念,在阶梯形覆盖质量水平的基础上,建立了多重数量和质量覆盖模型。其优化目标是满足需求点的多次覆盖需求和多需求点同时需求的要求条件下,覆盖的人口期望达到最大,并提出了一种改进遗传算法用于求解该模型,最后给出算例验证了模型与算法的有效性。刘勇等为求解给定期限条件的应急设施选址问题,提出了一种量子竞争决策算法,将量子个体作为博弈者参与到竞争决策中,利用量子位、叠加态等理论提高竞争群体多样性,缩小群体规模,加快优化速度,基于进化博弈论中博弈者学习和策略调整的机制,实现竞争者学习和自演化的目的,增强算法的寻优能力。

初建宇等从场所用地安全性、场所规模和防救灾设施三方面归纳了城镇中心避难场所选址的评价指标,并给出了各项指标的评价标准。提出了基于理想点的已知部分属性权重信息的中心避难场所选址单目标优化模型,并以某市中心避难场所选址为例验证了模型的适用性。韩传峰等针对反恐设施选址问题,考虑反恐设施点准备时间及反恐物资的运送时间对核生化恐怖袭击损失的影响,构建完全信息非合作动态博弈模型。讨论连续选取单个设施点和离散选取多个设施点的不同情形,应用遗传算法求解子博弈精炼纳什均衡,以上海市区县网络为例的仿真结果表明,交互式设置反恐设施点和减小反应时间均能有效减小袭击损失,随着设施点增多,损失减小幅度趋缓。

肖俊华和侯云先针对在重大突发事件下应急物资的需求量巨大以及对资源持续需求的特点,考虑到应急设施选址的公平性、效率性及成本等因素,基于备用覆盖和覆盖衰减思想,提出一类应急设施双目标多级覆盖衰减选址模型,并设计遗传算法进行求解,比较了传统 0—1 覆盖模型与覆盖衰减的优劣,分析了覆盖衰减函数敏感系数、不同覆盖半径对模型目标的影响。

朱建明针对灾害可能导致已有设施损毁的情景以及设施两两之间的调度时间,建立了可靠性连通应急设施选址模型,基于遗传算法为模型设计了有效的求解方法并通过算例与经典选址模型进行了比较,说明了模型与算法在解决应急设施选址决策鲁棒性方面的价值。朱建明研究了损毁情景下应急设施选址的多目标决策方法,首先提出决策者制定设施选址方案时的目标原则,构建以时效性、均衡性和鲁棒性为核心的评价体系,进而建立应急设施选址的多目标优化模型,以覆盖为目标的救援总时间反映时效性,通过最大救援半径反映均衡性,以及用设施损毁情景下额外增加的救援变更时间反映鲁棒性,提出了基于理想点的目标扰动最小化模型,并采用遗传算法设计求解方法,通过算例分析了模型和算法的有效性。

王海军等研究在突发事件多发区域进行应急储备库的选址与资源配置规划问题时,假定了若干随机的突发事件情景,每种情景下物资需求量与运输题意不确定,结合情景分析法建立了一定应急限制期条件下的两阶段随机规划模型,并设计了混合遗传算法对模型进行求解。陆相林等基于设施选址理论,以创造应急物资需求点最大民众总体满意度为目标,构建了考虑交通方式、需求点风险程度和市域应急物资储备库的选址模型,解决了市域应急物资储备库的空间布局优化问题,并以石家庄市为实证区域得出其应急物资储备库的最优服务区、县(市)与服务半径,给出相关建设性建议。

袁文燕等针对危险化学品事故频发的现状,在传统选址模型基础上建立了双层次应急中心选址模型,利用高斯烟羽模型对危险化学品泄漏风险进行了试题,在经典的 p-中值选址模型的基础上提出了事故风险和距离相结合的双层次选址模型,改变一对一的应急模式,设置两类应急中心服务于每一个化工厂,并设计了改进的禁忌搜索算法确定最优选址策略。倪冠群等在 k-中心点问题的基础上,考虑道路的通行能力限制,提出了 k-避难点问题。在一般树图结构下,重点分析了 1-避难点选址问题,并设计了有效的求解算法;在直线图结构下,首先改进了一般图 1-避难点的求解算法,其次分析了 2-避难点问题的特点,给出了一个基于"二分思想"的求解算法,在此基础上,为一般的直线图 k-避难点问题设计了求解算法,一般算法的时间复杂性为 $O(n\log_k n)$。

2.3 应急物资调度研究

2.3.1 国外研究现状

Fiedrich 针对地震发生初期的搜救工作建立了一个动态优化模型,该模型将操作区域分成三类:搜救区域、加固区域和急需修复区域。将救灾的另三个重要区域:存储区、医疗区和交通枢纽也考虑在内。动态因素方面,以指数函数表示被掩埋的人员的生存概率函数,以 Weibull 分布表示发生第二次地震使加固区域造成新的掩埋情况的概率,另外以 S 型函数表示受伤人员未得到处理时的生存率;通过计算在各种可能情况下的遇难人数以及各种条件,建立了一个以最小化遇难人数为目标函数的动态优化模型,并以模拟退火算法对模型进行了算例说明。

Barbarosoglu 等提出了一个双层模型研究直升机在应急救灾中的调度问题,对于上层的战略决策和下层的物资安排与路径选择决策,利用一个交互的协调算法来保证两个问题之间的一致性。Barbarosoglu 和 Arda 针对应急调度过程中的随机性,提出了一个两阶段随机规模网络流模型,用于解决多运输方式、多品种应急物资在地震救援中的运输计划安排,提出了一个应对自然灾害的两阶段随机规划模型,其中第一阶段不包含随机因素,所有的不确定性均在第二阶段模型中进行处理,以应对地震灾害为例考虑第一阶段处理震中及强度有关的初期能确定的信息情况下的物资调度安排;第二阶段则结合如供应点被破坏、运输道路中断等不确定因素进行处理。该模型是基于情景模型的,其中初期阶段是分不同地震情景进行考虑,而反应阶段则按不同情景下的影响再进行研究,而第二阶段的影响情景出现的概率即为在不同地震情景条件下的条件概率。该模型将随机因素分阶段处理并在初期反应阶段尽可能地早做准备是一个比较具有实际意义的方法,可以在灾害信息不完全的情况下做出有效的应急决策,以便尽可能地把握初期的宝贵时间。

Özdamar 建立了自然灾害情况下的应急物流优化模型,模型考虑了不同运输模式、多种车型、多种物品的多阶段数学模型,其中允许车辆在完成阶段运输任务后停留在原处,不必返回原出发点,等待下阶段的运输指令。模型处理中将运输工具也视为物品统一进行优化研究,设计车辆路径、允许车辆载人,考虑了依赖于时间的需求与供应。模型整合了两个多物品网络流问题,其中一个是线性的,另一个是整数规划,采用改进的 Lagrange 松弛算法进行求解,算例表明所设计的算法效率较高。

Sheu 提出了一个混合模糊聚类优化方法用于解决灾后应急物资分配问题,该方法分为两个过程:第一步利用聚类方法对受灾地区进行分组;第二步是应急物资联合分配。所构建的物流网络由三层构成:第一层的物资供应者、第二层的应急物资配送中心和第三层的物资需求点。该研究特点是:①通过短期的动态物资需求预测模型来预测受灾地区的物资时变需求;②利用模糊聚类程序将受灾区域进行分类,受灾程度高的地区具有更高的优化配送权;③提出了两阶段的动态优化模型,整合各层之间的应急物资配送计划。Sheu 针对大规模灾害发生后不完全信息条件,提出了一个动态应急需求管理模型,该模型有三个特点:①根据多传感器数据整合的原则,提出了基于熵的加权技术进行救援需求预测;②通过多准则模糊聚类技术对受灾地区进行分组以进行救援需求分配;③利用 TOPSIS 方法来确定每个聚类后的受灾地区组的救援需求紧迫性。Sheu 提出了一个无缝集成应急供应网络,该网络整合了三个子网络(避难网络、医疗网络和配送网络),用于大规模自然灾害的应急物流响应。提出了三阶段多目标(旅行时间最小化,运行成本最小化以及心理成本最小化)混合整数线性规划模型。

Yi 和 Özdamar 建立了一个应急物资与受伤人员协同调度的救灾模型,模型中考虑了受伤人员和应急物资、车辆的不同类型以及医院救治伤员的速率,所建立的混合整数多物品匹配及路径选择模型具有相当大的代表性,文中还针对该模型设计了两阶段的蚁群算法,计算效果理想。Yi 和 Kumar 提出了一个基于蚁群算法的元启发式算法用于求解应急物流问题,通过构建两阶段应急物流决策模型来确定车辆路径和多类物品分配这两个问题,这两个问题是通过迭代方式进行的:第一阶段在信息素的引导下构建随机车辆路径,第二阶段通过一个基于网络流的求解程序来分配不同的车辆与物品,模型的目标是利用不同类型的车辆满足运输需求时所提供的应急物资与受伤者提供医疗服务的时间最小化。

Tzeng 等建立了一个针对地震灾害的多目标救援物资分拨计划的模型,其中三个目标分别为:成本、效率和公平,考虑到多个计划周期中转网点的确定以及从物资供应点、中转点到需求点的物资调运安排,模型有几个特点:①"公平"是用对于某种物资分拨的满意度来衡量,而满意度又用需求点在某时间段内的最低供应率来计算;②供应点及需求点的实际供需量是随阶段动态变化的,若当期没有调拨也可以在下期调拨;③在处理多目标时,没有采用权重和的方法,而是将三个目标函数用单一的参数来衡量后改为单目标形式。Chang 研究了洪水灾害下的应急物流规划问题,开发了一个辅助决策工具将具有不确定性的问题描述为两个随机模型：第一个模型通过最小化运输距离来划分灾害救援区域和紧急状况等级；第二个模型为两阶段随机规划模型，用于决定灾后哪些地方需要建立应急物资临时分拨中心、分配多少救援设备以及救援设备的运输计划，其目标是使包括救援设备平均成本、运输成本以及供给短缺成本在内的总成本最小化。

Bocchini 和 Frangopol 结合结构脆弱性分析、网络流分析和随机场理论研究运输网络中的桥梁在极端事件中损坏程度的相关性提出了一种创新的方法，并且估计了运输网络关于相应距离的表现敏感度，提出了一个结合极端事件造成桥梁损害程度以及桥梁网络疏散效率的随机计算框架。

Rennemo 等在外生给定交通路网失效的情景概率的条件下，针对灾害响应计划提出了一个三阶段混合整数随机规划模型，考虑了临时配送中心的选址、初始物资的配置以及最后的配送方案，其中运输车辆的可得性、基础设施状况以及潜在的需求都作为随机因素进行处理，基于实际数据的大量计算表明随机规划解优于确定性的期望值方法。Ahmadi 等在 Rennemo 等的基础上，建立了一个考虑交通路网失效情景的多点选址－路径模型，用于灾前应急准备阶段的设施选址及灾后应急响应阶段的配送路线安排问题。

Rawls 和 Turnquist 为了满足灾后短期的大量应急物资供应需求，建立了随机情况下满足灾后短期应急需求的动态配置模型，其中需求必须被满足且保证解的可靠性以达到在所有情景中不低于给定的效率比。Faturechi 和 Miller-Hooks 提出了一个带均衡约束的双层、三阶段随机规划模型以量化和最优化道路网络在灾害事件下的行程时间弹性。在上层模型中，在灾害管理生命周期的事先减灾和准备阶段以及事后响应阶段采取一系统最优的准备与响应策略。

2.3.2　国内研究现状

刘春林就以多个应急物资供应点为单需求点供应物资的调度问题进行了研究，其中需求点应急物资的消耗速率为常数，要求在保证物资连续消耗的条件下，给出一个满足应急开始时间要求的调度问题，讨论了应急开始时间最早的条件下应急出救点数目最少的问题以及有给定应急限制期情况下的最少出救点问题，并给出了两个相应的算法，证明了算法所得结果的最优性。

计雷教授认为应急物资运输问题的主要目标是尽快地把应急资源运送到指定的受灾区域，目标函数不仅仅包括成本最小化，更要考虑运送时间最小化,因此是一个多目标优化的运输问题。通过建立应急物资运输问题的多目标规划模型并给出了解答。宋明安将救灾物资运送分为前端运输与后端运输两部分,其中前端物资运输问题是以最小化运输时间为目标,探讨了应急物资的运输问题,整个系统通过模糊分类方法解决救灾初期应急物资供需失衡的问题,尽可能地减少应急物资浪费与闲置情况。

缪成等根据不同运输方式进行多模式分层模型构建,并设计了四类顶点:中转点、映像点、供应点和需求点,另外结合车流的特殊约束条件,加入时间维度后建立了大规模应急救援物资的多目标运输模型,其中目标函数分为三部分:①车辆的行驶费用;②改变货物运输方式所引起的模式转换费用;③改变延期满足所引起的目标函数增加值。约束分为三类:①货物流约束;②车辆流约束;③货物流车辆流关联约束。并通过 Largangian 松弛法将关联约束加入目标函数后,使原问题分为货物流和车辆流两个子问题分别计算,最后用数值计算说明所给算法的有效性。

秦军昌和王刊良从应急管理运作流程纵向集成的角度,将应急物资划分为响应期物资与恢复期物资两大类,针对恢复期物资的需求量依赖于响应期物资短缺量的特点,提出了基于跨期一体化的最优订货量单周期库存模型。按照依赖关系为确定性与随机性的两种情况,分析了模型的解析性质并设计了解析仿真算法。刘明和赵林度对比了传统的点对点配送模式和枢纽辐射模式,然后构建了一种混合协同配送模式以兼顾两种模式的长处并给出了求解该模型的启发式搜索算法,仿真结果表明,该模式能形成更高效的应急救援网络。田军等从模糊需求信息、动态路网和车辆行驶速度变化以及带有优先级别供应这三个角度出发刻画应急物资配送调度的动态条件,构建了相应的模型,设计了粒子群算法进行求解,通过离散—连续向量混合编码的粒子编码方案和速度更新策略,给出了具体的算法过程,通过与 Matlab 直接求解比较证明了算法的有效性。

张玲等考虑到灾害发生时需求不确定的条件,建立了二阶段决策数学规划模型以解决针对自然灾害的应急资源配置问题,将灾害发生后各个灾区的需求量表示为区间型数据,利用可调整鲁棒优化的思想解决含有不确定需求的资源配置模型,数值试验表明建立的模型实际可行,求解方法保证了鲁棒性。张玲等研究应急救灾第一阶段构建应急救灾网络的问题时,考虑到突发灾害初期灾情相关参数概率分布情况难以获得,建立了基于情景的最小最大后悔值准则的应急救灾网络构建的鲁棒优化模型。求解模型时,利用有限情景集表示第二阶段的不确定数据,并将模型化为与其等价的混合整数规划模型,利用情景松弛的迭代算法进行求解。数值试验中给出相应的绝对鲁棒模型与偏差鲁棒模型作比较,表明基于最小最大后悔值准则的应急救灾优化模型具有良好的鲁棒性。

陈森等就重大自然灾害通常造成灾区道路损毁的情景问题,提出了基于双层联合优化的建模思路,构建了未定路网结构下应急物资车辆配送问题的模型。基于救援中物资要素与时延要素之间的转换,同时考虑到抢修损毁路段和车辆配送问题,实施路网结构、车辆路径的联合优化,建立了问题联合优化模型,提出了基于遗传算法和动态规划的求解方法,结合算例验证了问题模型及求解方法的可行性和合理性。李进等考虑到可能在多个地点发生次生灾害的情况,建立了灾害链中多资源应急调度模型,并设计了基于线性规划与网络优化思想的启发式算法,给出了算法的复杂性分析,通过算例验证了该算法的有效性和可行性。

王新平和王海燕针对突发公共卫生事件应急管理体系中应急物资需求的不确定性和连续性以及应急救援是一个同时在多疫区间展开的多周期救援过程这一实际情况,提出了多疫区多周期应急物资协同优化调度方案。首先在分析传染病扩散规律的基础上,结合传染病潜伏期的不确定性所引起的应急救援的时滞性,采用纵向配送和横向转运相结合的协同配送模式,构建了一类应急物资网络优化多目标随机规划模型,然后采用遗传算法给出了该优化模型的求解算法,最后通过仿真算例验证了模型及算法的有效性。王旭坪等将行为科学理论融入了突发事件发生后的应急物资优化调度问题研究中,提出了应急物资调度决策应注意考虑公众的心理因素。用前景理论刻画了公众对应急物资获得时间的风险感知程度,定义并选取公众心理预期时间作为时间参考点,得出了风险感知网线和函数模型,构建了以最小化公众心理风险感知程度和物资未满足度为目标的混合整数规划模型,设计了相应的多层搜索救援算法,最后用数值实验证实了模型和算法的有效性。

俞武扬在考虑自然灾害造成交通路网部分中断以及受灾点不同应急物资需求量的情景模式下,研究区域交通网络结构中的应急资源优化布局问题,结合各种交通中断情景下的最短路线问题建立了应急资源布局的随机优化模型,最后以某沿海省份应对台风灾害的应急资源布局问题为例说明了模型的有效性。俞武扬研究了不确定交通网络中断情景下的应急物资配置问题,通过引入两个控制水平参数建立了不确定网络结构下的两阶段应急物资鲁棒配置模型,并在线性化第二阶段的回溯问题后提出了求解模型的 Benders 分解算法,数值实验结果表明了模型的有效性及所得配置方案的鲁棒性。俞武扬通过类比被困人员生存概率函数的定义引进了应急物资的时间满意度函数,结合传统的点对点运输模式和中转运输模式,将应急物资分批送达数量作为送达时间满意度的赋权来定义总体满意度,建立了基于时间满意度的应急物资中转运输模型,模型结合了应急物资运输过程中数量和时间这两个重要因素,对于合理安排应急物资的运输、提高总体时间满意度具有现实的意义。通过分析模型的特点设计了一种嵌入迭代线性规划的启发式模拟退火算法进行求解。

阮俊虎等研究了大规模灾害中利用直升机和车辆联合运输医疗物资的调度问题,提出了一种基于聚类的两阶段医疗物资联合运输方法:第一阶段根据医疗救助点分布,采用模糊 C-均值算法进行应急中转点选择和医疗救助点划分,并针对划分中存在的剩余容量不均衡问题,考虑容量约束提出一种改进划分方法,构建直升机-车辆医疗物资联合运输网络结构;第二阶段建立基于聚类的运送路线优化模型,确定从应急中转点到医疗救助点的具体运送路线。

祁明亮等研究了雪灾救援中车辆与直升机联合运输应急物资的调度问题,在道路疏通能力与整体救援时间有限的情况下,首先决策需要疏通的道路及其疏通顺序,对疏通后的需求点采用汽车运输补给,该阶段决策目标为汽车运输量最大化;然后调度直升机对各点疏通前的物资短缺以及未疏通的需求点进行物资运输,设计每架直升机的飞行路线与各点投放量,使得两个阶段运输完成后所有需求点中最小物资可维持时间最大化。文章对两个阶段分别建立了混合整数规划模型,并设计启发式算法,最后以西北某区域的路网结构为例设计了数值算例。凌思维等针对灾后应急医疗资源配置问题,引入需求分级概念,在嵌套与非嵌套两种模式下,以运输总距离最小化为目标建立基于需求分级的应急医疗资源配置模型,分别从服务效率与响应速度两方面进行仿真算例研究,对比分析了两种模式下应急医疗资源配置系统的整体运行水平,结果表明嵌套模式加大了对低等级需求的服务保障。

葛洪磊和刘南提出基于区域灾害系统理论来构建复杂灾害情景,用于描述突发事件的复杂性和高度不确定性。基于复杂灾害情景建立了一个两阶段随机规划模型,进行应急设施的定位决策、应急物资的库存决策和不同灾害情景下应急物资分配预案的制定,使用新的编码方式,将第一阶段的选址-库存模型转化为一个无约束非线性规划模型,使用自适应免疫克隆选择文化算法进行求解,对于第二阶段的应急物资分配模型,则提出了"势能抵消算法",最后基于四川地震带的相关数据给出了算例,验证了模型及算法的有效性与可行性。

3 | 鲁棒优化方法简介

3.1 引 言

决策按照已知信息的多少可以分为确定型决策、随机型决策以及不确定型决策。许多可以归结为线性规划、非线性规划、动态规划及组合最优化的决策问题都是确定型决策;随机型决策一般又称为风险型决策,通常采用随机规划的方法进行研究;不确定型决策是指所研究的对象具有不确定性。鲁棒优化是不确定优化研究中一个新的研究主题,鲁棒优化作为一个含有不确定输入的优化问题的建模方法,其目的是寻求一个对于不确定输入的所有实现都有良好性能的解。

Soyster 首次运用鲁棒优化的思想解决不确定线性规划问题,虽然其方法过于保守,但作为研究不确定优化问题的一种新思想,从最坏情况的角度出发进行优化,引起了众多学者的关注。Muley(1995)第一次提出了鲁棒优化的概念,给出了基于情景集的鲁棒优化的一般模型框架,为了定义鲁棒优化问题,利用情景集给出每个情景不同实现下的概率,将目标函数通过罚函数的形式使得不同情景下得到的优化值变化不大,以此消除不确定参数给优化问题带来的影响。

Ben-Tal 和 Nemirovski 提出了基于凸优化理论的鲁棒优化框架,不确定参数集要求为内点非空的有界闭凸集,通过对鲁棒优化模型进行数学推导,得到其鲁棒对应式,将不确定优化问题转化成基于凸优化理论的确定性优化问题,与 Mulvey 等人提出的基于情景集的鲁棒优化方法不同的是,他们的方法能够实现"硬约束",即不确定参数在集合内的任何实现都能够满足约束条件。

Bertsimas 和 Sim 在 Ben-Tal 等人研究的基础上,提出了新的鲁棒优化框架,提出了可调整鲁棒优化的思想,从计算复杂度方面得到了比 Bel-Tal

等人更好的结果:①不确定线性优化问题的鲁棒对应仍为线性优化问题;②多项式时间内可解的不确定 0—1 离散优化问题的鲁棒对应保持其计算复杂度,一个 NP-hard 的不确定 α 近似 0—1 离散优化问题的鲁棒对应仍然保持 α 近似;③不确定锥优化问题的鲁棒对应仍然保持其结构。

3.2 基于情景集的鲁棒优化方法

3.2.1 决策问题的假设

离散情景下的不确定决策一般有以下假设:

假设 1 决策者事先知道事物今后可能发生的所有情况。每一种发生的状况是一种自然状态,不确定决策采用鲁棒优化方法时,利用情景分析方法,上述自然状态又称为情景,所有情景 s_j 的全体构成一个集合 $S = \{s_1, s_2, \cdots, s_n\}$。一种情景也是所有决策参数的一种可能的取值组合。

假设 2 决策者事先知道或者可以预先计算出策略在情景发生时报效益,记做 a_{ij}。策略 i 在各种情景下的效益构成一个效益向量 $a(i) = \{a_{i1}, a_{i2}, \cdots, a_{in}\}$,策略集合中的策略对应的效益向量构成的集合一般是无序的,即没有优劣之分。

当集合 $|S| = 1$ 时即为确定型决策;当 $|S| > 1$ 并且每种情景发生的概率已知时即为随机型决策;当 $|S| > 1$ 但是每种情景发生的概率未知时即为不确定型决策。

3.2.2 不确定决策的处理方法

在处理不确定决策时,一种直接的方法是将不确定型决策转化为确定型决策——主观估计出"最可能"发生的情景;或者是转化为随机型决策——主观估计出各种情景发生的概率,然后采用确定型或随机型决策的优化方法进行策略选择。这两种方法的主要缺点在于仅仅针对一种情景,是"最可能"发生的情景或者是"期望"情景,并没有考虑策略在所有情景下的效益值。当实际发生的情景不同于预估的"最可能"情景,或者和"期望"情景差别较大时,这时做出的决策和"实际最优"的决策将会产生不能接受的偏差。

鲁棒优化方法是解决不确定型决策的有效方法,当未来可能发生的情景不唯一,并且各种情景发生的概率未知时,决策者需要知道的是各种策略在不同情景下的效益值,以及它们与各种情景下最优策略的效益值的差别,只有掌握了这些信息,决策者才可以做出合理的策略选择。根据决策者规避风险的偏好不同,鲁棒优化方法主要可以分为绝对鲁棒优化(absolution robust optimization)、偏差鲁棒优化(deviation robust optimization)和相对鲁棒优化(relative robust optimization)。

当决策者考虑的目标值是成本时,令 A 表示策略集,$x \in A$ 表示一个策略,$\mathrm{cost}(x,s)$ 表示在情景 s 下采用策略 x 时的总成本,则三种鲁棒优化方法如下。

1. 绝对鲁棒优化

绝对鲁棒优化得到的鲁棒解满足在所有情景下的最大成本最小,即绝对鲁棒解 x_a 的目标值满足:

$$\max_{s \in S}\big[\mathrm{cost}(x_a,s) - \mathrm{cost}^*(s)\big] = \min_{x \in A}\{\max_{s \in S}\mathrm{cost}(x,s)\} \qquad (3\text{-}2\text{-}1)$$

2. 偏差鲁棒优化

偏差鲁棒优化得到的鲁棒解满足在所有的情景下与最优目标值的偏差的最大值最小,即偏差鲁棒解 x_d 的目标值满足:

$$\max_{s \in S}\mathrm{cost}(x_d,s) = \min_{x \in A}\{\max_{s \in S}\big[\mathrm{cost}(x,s) - \mathrm{cost}^*(s)\big]\} \qquad (3\text{-}2\text{-}2)$$

3. 相对鲁棒优化

相对鲁棒优化得到的鲁棒解满足在所有的情景下与最优目标值的偏差所占最优目标值比例的最大值最小,即相对鲁棒解 x_r 的目标值满足:

$$\max_{s \in S}\frac{\mathrm{cost}(x_r,s) - \mathrm{cost}^*(s)}{\mathrm{cost}^*(s)} = \min_{x \in A}\left\{\max_{s \in S}\left[\frac{\mathrm{cost}(x,s) - \mathrm{cost}^*(s)}{\mathrm{cost}^*(s)}\right]\right\} \qquad (3\text{-}2\text{-}3)$$

其中 $\mathrm{cost}^*(s) = \min_{x \in A}\{\mathrm{cost}(x,s)\}$ 为情景 s 下的最优目标值。

另外,对于随机型决策的情况,有一种均值-偏差鲁棒优化定义。根据前面的假设,当 $|S| > 1$ 并且每种情景发生的概率已知时为随机型决策,设每种情景 s 所对应的概率为 p_s,随机型决策一般都是采用期望值方法进行决策,即随机决策最优解 x_e 的目标值满足:

$$\sum_{s \in S} p_s \cdot \mathrm{cost}(x_e,s) = \min_{x \in A}\Big[\sum_{s \in S} p_s \cdot \mathrm{cost}(x,s)\Big] \qquad (3\text{-}2\text{-}4)$$

但是由于期望值决策可能导致在某些情景下与该情景的最优目标值偏差过大,而均值-偏差鲁棒优化方法在目标中引进偏差项进行调整,即均值-偏差鲁棒最优解 x_{ed} 满足:

$$\min_{x \in A}\Big[\lambda \sum_{s \in S} p_s \cdot \mathrm{cost}(x,s) + (1-\lambda)\sum_{s \in S} p_s \cdot |\,\mathrm{cost}(x,s) - \mathrm{cost}^*(s)\,|\Big]$$

$$(3\text{-}2\text{-}5)$$

其中 $0 \leqslant \lambda \leqslant 1$ 为均值与绝对偏差项之间的权重因子,可由决策者依据其风险偏好确定。

3.2.3 多标准评价的方法

一般而言,针对某一特定的问题采用一种鲁棒优化方法进行研究就足够了,但是不难发现采用不同的规则最后得到的鲁棒解往往也是不同的,这是由于不同的规则倾向于不同决策者的偏好导致的。

绝对鲁棒优化得到的鲁棒解比较保守,并且决策者比较悲观地认为最坏的情景将会发生。绝对鲁棒优化适合于竞争的环境——竞争对手是理性的,决策者与竞争对手之间的利益是冲突的,决策参数受竞争对手的策略影响。

偏差鲁棒优化或相对鲁棒优化对于事后需要评价决策者选择的策略质量的情况是合理的(即比较决策者做出的策略在实际发生的情景下的目标值与此时最优的目标值的偏差),并且这两种决策规则还可以降低对手投机的危险。

3.3　Soyster 鲁棒模型

考虑下面的线性规划问题:

$$
\begin{aligned}
\max \quad & c^T x \\
\text{s.t.} \quad & Ax \leqslant b \\
& l \leqslant x \leqslant u
\end{aligned}
\tag{3-3-1}
$$

假设不确定数据只出现在矩阵 A 中,而目标函数系数 c 是确定的,这种假设不失一般性,因为上述线性规划问题等价于问题:

$$
\begin{aligned}
\max \quad & t \\
\text{s.t.} \quad & c^T x \geqslant t \\
& Ax \leqslant b \\
& l \leqslant x \leqslant u
\end{aligned}
\tag{3-3-2}
$$

因此,Soyster 将该问题表示为:

$$
\begin{aligned}
\max \quad & c^T x \\
\text{s.t.} \quad & \sum_{j=1}^{n} A_j x_j \leqslant b, \quad \forall A_j \in K_j, j = 1, 2, \cdots, n \\
& l \leqslant x \leqslant u
\end{aligned}
\tag{3-3-3}
$$

此不确定集合的形式满足"逐列(column-wise)"性质,即同一列不确定数据在同一个不确定集合内变化,比每个不确定数据都在各自的不确定集合中变化要更为普适。对于矩阵 A 中某一行 i,设 J_i 表示第 i 行中的不确定系数。对于每个不确定值 a_{ij}，$j \in J_i$，其取值区间为$[a_{ij} - \hat{a}_{ij}, a_{ij} + \hat{a}_{ij}]$，Soyster 证明了问题(3-3-3)等价于：

$$\max \quad c^T x$$
$$\text{s.t.} \quad \sum_j a_{ij} x_j + \sum_{j \in J_i} \hat{a}_{ij} y_{ij} \leqslant b_i, \forall i$$
$$-y_{ij} \leqslant x_j \leqslant y_{ij}, \forall j \in J_i \qquad (3\text{-}3\text{-}4)$$
$$l \leqslant x \leqslant u$$
$$y \geqslant 0$$

可以看出 Soyster 鲁棒模型，约束条件对于不确定集合里所有数据都要满足，导致所得的解过于保守。

3.4　Ben-Tal & Nemirovski 鲁棒模型

Ben-Tal 和 Nemirovski 考虑与 Soyster 同样的线性规划问题，对于矩阵 A 中某一行 i，设 J_i 表示第 i 行中的不确定系数。对于每个不确定值 a_{ij}，$j \in J_i$，其取值区间为$[a_{ij} - \hat{a}_{ij}, a_{ij} + \hat{a}_{ij}]$，Ben-Tal 和 Nemirovski 提出了如下模型：

$$\max \quad c^T x$$
$$\text{s.t.} \quad \sum_j a_{ij} x_j + \sum_{j \in J_i} \hat{a}_{ij} y_{ij} + \Omega_i \sqrt{\sum_{j \in J_i} \hat{a}_{ij}^2 z_{ij}^2} \leqslant b_i, \forall i$$
$$-y_{ij} \leqslant x_j - z_{ij} \leqslant y_{ij}, \forall i, j \in J_i \qquad (3\text{-}4\text{-}1)$$
$$l \leqslant x \leqslant u$$
$$y \geqslant 0$$

其中 $\Omega_i > 0$ 为反映模型保守程度的参数简称保守度(conservativeness)，由决策者事先给定。该模型保守度要低于 Soyster 模型，因为模型(3-4-1)的任意可行解都是模型(3-3-4)的可行解。Ben-Tal & Nemirovski 模型可以通过调整 Ω_i 的值改变模型的保守度，Ben-Tal & Nemirovski 证明了对于该模型得到的最优解 x^* 而言，在给定的不确定集合下，第 i 个约束不满足的概率不超过 $\exp(-\Omega_i^2/2)$。

假设在 $m \times n$ 的矩阵 A 中存在 k 个系数具有不确定性，原始线性规划问题有 n 个变量以及 m 个约束条件，模型(3-3-4)仍为一个含有 $2n$ 个变量以及 $m + 2n$ 个约束条件的线性规划问题；而模型(3-4-1)则是一个二阶锥规划问题，其中含 $n + 2k$ 个变量和 $m + 2k$ 个约束条件，由于该模型的非线性，因此求解时计算复杂度增加，而且在求解离散优化问题时不是很方便，为了解决这两方面的问题，Bertsimas 和 Sim 提出了他们不同的 B&N 鲁棒优化模型。

3.5　Bertsimas & Sim 鲁棒模型

Bertsimas & Sim 针对 Ben-Tal & Nemirovskis 鲁棒模型的缺点,提出了一种新的鲁棒模型。他们考虑的问题还是问题(3-3-1),同样对于矩阵 A 中某一行 i,设 J_i 表示第 i 行中的不确定系数,对于每个不确定值 a_{ij},$j \in J_i$,其取值区间为 $[a_{ij} - \hat{a}_{ij}, a_{ij} + \hat{a}_{ij}]$。

针对每一个约束 i,Bertsimas 和 Sim 引进一个参数 Γ_i 来灵活调整解的保守性水平,Γ_i 取值为 $[0, |J_i|]$ 内的任意实数。因为很多情况下不可能所有的 a_{ij},$j \in J_i$ 都是不确定的,所以在 Bertsimas 和 Sim 的模型中,让不确定数据 a_{ij},$j \in J_i$ 中的 $\lfloor \Gamma_i \rfloor$(不大于 Γ_i 的最大整数)个在区间 $[a_{ij} - \hat{a}_{ij}, a_{ij} + \hat{a}_{ij}]$ 内变化,另一个系数在 $[a_{ij} - (\Gamma_i - \lfloor \Gamma_i \rfloor)] \hat{a}_{ij}, a_{ij} + (\Gamma_i - \lfloor \Gamma_i \rfloor) \hat{a}_{ij}$ 内变化,这样得到的鲁棒解可行是确定的,当不确定数据超过 $\lfloor \Gamma_i \rfloor$ 个变化,也能保证鲁棒解以很高的概率保证可行。

Bertsimas & Sim 的鲁棒对应模型为(B&S 鲁棒优化模型):

$$\max \quad c^T x$$

$$\text{s.t.} \quad \sum_j a_{ij} x_j + \max_{\{S_i \cup \{t_i\} \mid S_i \mid = \lfloor \Gamma_i \rfloor, \cdot t_i \in J_i \setminus S_i\}} \left\{ \sum_{j \in J_i} \hat{a}_{ij} y_{ij} + (\Gamma_i - \lfloor \Gamma_i \rfloor) \hat{a}_{it_i} y_{t_i} \right\} \leqslant b_i, \forall i$$

$$-y_{ij} \leqslant x_j \leqslant y_{ij}, \forall i, j \in J_i$$

$$l \leqslant x \leqslant u$$

$$y \geqslant 0 \qquad\qquad (3\text{-}5\text{-}1)$$

当 Γ_i 是整数时,第 i 个约束被 $\beta_i(x, \Gamma_i) = \max\limits_{\{S_i \mid S_i \subseteq J_i, \mid S_i \mid = \Gamma_i\}} \left\{ \sum\limits_{j \in S_i} \hat{a}_{ij} \mid x_j \mid \right\}$

所保护,当 $\Gamma_i = 0$ 时,$\beta_i(x, \Gamma_i) = 0$,这时第 i 个约束就成名义约束了,当 $\Gamma_i = |J_i|$ 时,则模型(3-5-1)就跟 Soyster 模型一样了。所以通过 $\Gamma_i \in [0, |J_i|]$ 内的变化来灵活调整解的保守性水平,但是(3-5-1)不能直接求解,因此 Bertsimas 和 Sim 证明了该模型等价于如下线性规划模型:

$$\max \quad c^T x$$

$$\text{s.t.} \quad \sum_j a_{ij} x_j + z_i \Gamma_i + \sum_{j \in J_i} p_{ij} \leqslant b_i, \forall i$$

$$z_i + p_{ij} \geqslant \hat{a}_{ij} y_j, \forall i, j \in J_i$$

$$-y_j \leqslant x_j \leqslant y_j, \forall j \qquad\qquad (3\text{-}5\text{-}2)$$

$$l \leqslant x \leqslant u$$

$$y_j \geqslant 0$$

$$p_{ij} \geqslant 0$$

$$z_i \geqslant 0$$

3.6   小   结

在本章中对鲁棒优化的基本理论作了简要介绍,重点介绍了基于情景集的鲁棒优化模型以及 Soyster 鲁棒模型、Ben-Tal & Nemirovski 鲁棒模型以及 Bertsimas & Sim 鲁棒模型。其中后三个模型鲁棒优化的本质是一样的,都是考虑最坏情况的最优解,只是选取的不确定集合类型不同。对于不确定的线性规划来说,Ben-Tal & Nemirovski 鲁棒模型采用的是不确定椭球集合,从而鲁棒对应为二阶锥规划;Bertsimas & Sim 鲁棒模型则选用多面体为不确定集合,从而鲁棒对应仍为线性规划;Soyster 鲁棒模型采用"盒子(box)"形式的不确定集合,可以看作是 Bertsimas & Sim 鲁棒模型的一种特殊形式,所以其鲁棒对应也为线性规划。因此,从计算复杂度来看,Bertsimas & Sim 鲁棒模型和 Soyster 鲁棒模型不会增加计算复杂度,而 Ben-Tal & Nemirovski 鲁棒模型则会导致计算复杂度的增加。

另外,从保守性角度来看,Soyster 鲁棒模型是最为保守的,相应的其抗干扰性最强而目标函数值相对最差。所以解的鲁棒性与付出的代价是一种矛盾的关系,如果决策者重视鲁棒性则可以选择抗干扰性强的模型,也可以通过不同的参数选择调整模型的鲁棒性;相反,如果决策者更重视付出的代价,那么可以选择鲁棒性弱的模型或调整参数以得到更为"乐观"的最优解。

4 人员紧急转移与车辆配置决策

4.1 引　言

本章从宏观角度研究针对某些具有短时响应时间情况的突发事件,政府决策部门对突发事件影响范围内需要进行人员紧急转移情况下的应急决策问题,这类突发事件包括一些自然灾害如台风、海啸、洪灾等以及一些公共安全事件如危险品泄漏、放射性污染等,当然这类突发事件的人员紧急转移不但要考虑转移的时间限制,还要考虑转移人员安置的限制条件。

本章从确定、随机与不确定三种情况出发,依据决策者对待随机与不确定因素的决策偏好研究不同的人员转移与车辆配置决策,最后对不同情况的决策模型与算法进行数值实验,并对所得结果进行对比分析。

4.2　确定情况下无时限人员转移与车辆配置决策

4.2.1　问题描述

在当前宏观环境下,人员应急转移问题的研究对运输能力的限制缺乏足够的重视,而在很多情况下由于人员转移的数量大、时间紧、路程远等因素,难以依靠被转移人员步行完成,通常需要决策部门组织者调集运输工具安排人员紧急转移方案,而由于时间以及资源的限制,组织者往往无法调集充足的运输工具,因此只能在有限运力前提下合理安排人员的转移。在这种条件下,如何协同安排有限的运输工具和需要转移的人员是一个有意义的问题。本节研究的是在具有一定响应时间的突发事件下将人员从受灾点转移至安置点的人员紧急转移方案,同时需要决策者安排有限的运输工具至不同的人员紧急转移起讫线路上,使得总的紧急转移时间最小化。

　　针对具有短时响应条件下的突发事件需要将受威胁群众转移至安全地点的人员紧急转移问题,设有 m 个受灾点的群众需要转移到 n 个现有的人员安置点,需要利用交通运输工具进行人员转移,而现有可用的运输工具种类共有 l 种,每种运输工具的数量及单位载人量各异。受灾点至安置点之间可用的运输工具受到相应道路情况的限制。由于运输工具数量有限,在受灾点与安置点之间所分配的运输工具通常需要多次往返才能完成相应的运输任务,如图 4-1 所示。如何安排人员转移方案以及转移线路上所需的运输工具,使得总的应急转移时间最小?

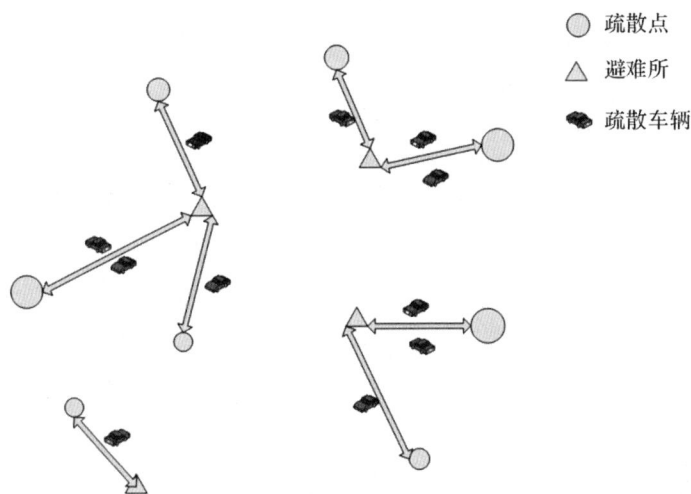

○　疏散点
△　避难所
🚌　疏散车辆

图 4-1　应急疏散及车辆配置

建模之前根据问题背景作如下假设:

(1)每个受灾点至安置点之间可用的运输工具已知。

(2)每个受灾点至安置点使用各种运输工具完成一次运输任务所需时间已知。

(3)各受灾点需转移的人数已知。

(4)各安置点可容纳的人数已知。

(5)各种运输工具的数量及单位运载量已知。

(6)为避免混乱,每条运输线路上只安排一种运输工具。

(7)不计运输工具安排至线路的时间。另设安置点可容纳的总人数大于受灾点总人数。

4.2.2 参数和变量设置

参数设置：

I：各受灾点组成的集合，个数为 m 个；

J：安置点组成的集合，个数为 n 个；

K：不同各类运输工具组成的集合，种数为 l 种；

a_i：受灾点 i 需要转移的人员数，$i \in I$；

b_j：安置点 j 可容纳的人员数，$j \in J$；

$c(k)$：第 k 种运输工具的可用数量，$k \in K$；

$w(k)$：第 k 种运输工具的单位运载量（以人为单位），$k \in K$；

$d_{ij}(k)$：第 k 种运输工具完成从受灾点 i 到安置点 j 一次运输任务所需时间，$i \in I, j \in J, k \in K$；

变量设置：

x_{ij}：从受灾点 i 转移到安置点 j 的总人数，$i \in I, j \in J$；

y_{ij}：分配到受灾点 i 到安置点 j 这条路线上的运输工具数量，$i \in I, j \in J$；

u_{ij}：分配到受灾点 i 到安置点 j 这条路线上的运输工具种类，$i \in I, j \in J$，显然 $u_{ij} \in K$。

4.2.3 模型与算法

1. 数学模型

$$\min Z = \sum_{i \in I} \sum_{j \in J} E\left(\frac{x_{ij}}{y_{ij} \cdot w(u_{ij}) + [1 - \delta(y_{ij})] \cdot \varepsilon}\right) \cdot d_{ij}(u_{ij}) \tag{4-2-1}$$

$$\text{s. t.} \quad \sum_{j \in J} x_{ij} = a_i, i \in I \tag{4-2-2}$$

$$\sum_{i \in I} x_{ij} \leqslant b_j, j \in J \tag{4-2-3}$$

$$\sum_{i \in I} \sum_{j \in J} y_{ij} \cdot \lambda_k(u_{ij}) \leqslant c(k), k \in K \tag{4-2-4}$$

$$\delta(x_{ij}) \leqslant y_{ij} \leqslant \delta(x_{ij}) \cdot c(u_{ij}), i \in I, j \in J \tag{4-2-5}$$

$$x_{ij}, y_{ij} \geqslant 0 \text{ 且均为整数}, u_{ij} \in K \bigcup \{0\}, i \in I, j \in J \tag{4-2-6}$$

模型说明：目标函数(4-2-1)中的 $E(x)$ 表示向上取整函数，即不小于 x 的最小整数，$\delta(x) = \begin{cases} 1, x > 0 \\ 0, x \leqslant 0 \end{cases}$，$\varepsilon$ 表示一个很小的正数，其目的是为了防止出现分母为 0 的情况。该式表明当人员转移数量超过某种运输工具单次载运量时所需的最小往返次数，目标函数 Z 即为人员转移所需的总时间。约束条件(4-2-2)表示每个受灾点的人员都必须全部转移;约束条件(4-2-3)表示每个安置点接收人员的数量限制;约束条件(4-2-4)中 $\lambda_k(x) = \begin{cases} 1, x = k \\ 0, x \neq k \end{cases}$,表示运输工具的数量限制;约束条件(4-2-5)表示人员与运输工具之间的联系限制;约束条件(4-2-6)表示转移人员数及运输工具分配数的非负整数限制,另外 $u_{ij} \in K \bigcup \{0\}$ 表示任意受灾点与安置点之间的运输工具种类最多只有一种,其中 $u_{ij} = 0$ 表示该线路上不安排运输工具。

2. 算法设计

由于模型的目标函数中存在取整函数,传统的非线性规划方法基本上无法进行有效的求解,所以本书对该模型设计了一种启发式遗传算法进行求解。

(1)编码设计

对于上述非线性整数运输问题模型中的决策变量,比较合适的编码方式是矩阵编码,即用下列编码方式表示一组决策变量:$(x, y, u) = [(x_{ij}, y_{ij}, u_{ij})]_{m \times n}$。

(2)初始解的生成方法

适当的初始可行解生成方法对于遗传算法的求解过程极为重要,在初始解的生成过程中对于人员转移方案采用随机生成的方式,而相应的运输工具种类及数量分配方案则采用启发式策略进行处理。

① x_{ij} 的生成方式:

Step1:从集合 $T = \{1, 2, \cdots, mn\}$ 中随机取一个整数 r,将 r 转化为相应的行列:$i = [(r-1)/n + 1]$,这里的 $[\quad]$ 表示函数取整,$j = (r-1) \bmod n + 1$。

Step2:令 $x_{ij} = \min\{a_i, b_j\}$,更新 $a_i := a_i - x_{ij}$,$b_j := b_j - x_{ij}$,$T := T \backslash r$,若 $T \neq \varnothing$ 则转 Step1,否则停止,输出 x_{ij}。

② y_{ij} 和 u_{ij} 的生成方法

对于给定的人员转移方案 x_{ij},运输工具数量 y_{ij} 及种类 u_{ij} 的分配方案利用下述启发式策略生成:

Step1:根据给定的 x_{ij},检查所有的坐标 (i, j),若 $x_{ij} = 0$,则令相应的 $y_{ij} = u_{ij} = 0$,令 $S = \{(i, j) \mid x_{ij} > 0\}$。

Step2:对于所有的 $(i, j) \in S$,记 $(\hat{i}, \hat{j})$ 为最大的 x_{ij} 所对应的下标,令 $\hat{c} = \sum_{k \in K} c(k)$,对所有的 $k \in K$,$y(k) = \min\{c(k), \hat{c} - |S| + 1\}$,计算 $\frac{d_{ij}(k)}{y(k) \cdot w(k)}$,记其中最小值对应的 k 为 $\hat{k}$,令 $u_{ij} = \hat{k}$,$y_{ij} = y(\hat{k})$。

Step3：更新 $S: = S\backslash(\hat{i},\hat{j})$，$c(\hat{k}): = c(\hat{k}) - y_{ij}$，若 $c(\hat{k}) = 0$，则令 $K: = K\backslash\hat{k}$。

Step4：若 $S \neq \varnothing$ 则转 Step2，否则停止。

说明：上述启发式策略，是基于目标函数的近似处理以及排序不等式中反序不等式具有最小乘积和的性质提出的。其中 Step3 要求 $y_{ij} \leqslant \hat{c} - |S| + 1$ 是为了保证下一步中剩余的运输工具数量 $\hat{c} - y_{ij}$ 能够满足运输工具分配的最低需求。

（3）遗传算子的设计

对于约束条件的处理，本书采用设计遗传算子保证部分约束条件成立，再结合罚函数对不成立的约束条件进行处理的方式。

交叉算子：设从父代选取两个个体 $P^1(t) = (x_{ij}^1, y_{ij}^1, u_{ij}^1)$，$P^2(t) = (x_{ij}^2, y_{ij}^2, u_{ij}^2)$，首先随机取两个整数 $i_1, i_2 \in I$，交换父代个体中位于 i_1 行与 i_2 行之间的编码片段得到两个新的个体 $\tilde{P}^1(t)$ 和 $\tilde{P}^2(t)$。

变异算子：设 (x, y, u) 为某个父代个体，则用下列变异算子进行变异操作：取随机数 r_1，若其小于取定的变异率 p_m，将取值为正的 x_{ij} 所对应的 (y_{ij}, u_{ij}) 取其中一段随机排序后，替换原编码片段生成新的个体 $(x, \tilde{y}, \tilde{u})$。

调整算子：本书根据模型的特点设计了一种调整算子，算子是在给定 x_{ij} 的情况下，对于 (y_{ij}, u_{ij}) 进行适当的调整，以使得目标函数值（4-1）比调整前更优。调整算子如下：

Step1：令 $S = \{(i,j) \mid x_{ij} > 0\}$，对于任意的 $(i_1, j_1), (i_2, j_2) \in S$，计算：

$$f_1 = E\left(\frac{x_{i_1 j_1}}{y_{i_1 j_1} \cdot w(u_{i_1 j_1})}\right) \cdot d_{i_1 j_1}(u_{i_1 j_1}) + E\left(\frac{x_{i_2 j_2}}{y_{i_2 j_2} \cdot w(u_{i_2 j_2})}\right) \cdot d_{i_2 j_2}(u_{i_2 j_2})$$

$$f_2 = E\left(\frac{x_{i_1 j_1}}{y_{i_2 j_2} \cdot w(u_{i_2 j_2})}\right) \cdot d_{i_1 j_1}(u_{i_2 j_2}) + E\left(\frac{x_{i_2 j_2}}{y_{i_1 j_1} \cdot w(u_{i_1 j_1})}\right) \cdot d_{i_2 j_2}(u_{i_1 j_1})$$

Step2：若 $f_1 > f_2$，则交换 $(y_{i_1 j_1}, u_{i_1 j_1})$ 与 $(y_{i_2 j_2}, u_{i_2 j_2})$，否则不变。

由于初始可行解生成方法保证了所有约束条件成立，而以上的变异算子操作能够保证可行性不变，交叉算子有可能会不满足约束条件（4-2-3），所以对于约束条件（4-2-3）用罚函数的形式进行处理，目标函数改为：

$$\min Z = \sum_{i \in I} \sum_{j \in J} E\left(\frac{x_{ij}}{y_{ij} \cdot w(u_{ij}) + [1 - \delta(y_{ij})] \cdot \varepsilon}\right) \cdot d_{ij}(u_{ij}) + \sum_{j \in J} \lambda_j f\left(b_j - \sum_{i \in I} x_{ij}\right)$$

$$(4-2-7)$$

这里 λ_j 表示拉格朗日乘子，$f(x) = \left(\frac{|x| - x}{2}\right)^2$。

(4)算法流程

Step1: 由初始可行解生成方法产生一个初始种群,规模为 N_{pop},给定各种参数,计算出群个体的适应值,这里适应度函数即目标函数值(7)的值,令 $t:=1$。

Step2: 在父代种群中以 p_c 的概率用轮盘赌方式选择个体形成交叉种群池 $C(t)$,设其规模为 M_{pop}。

Step3: 随机选择 $C(t)$ 中的个体 P_1,P_2 进行交叉算子操作以生成新个体 C_1,C_2;重复本步骤直到生成 $2M_{pop}$ 个新个体。

Step4: 从父代种群以及交叉子种群中以 p_m 的概率选取个体用变异算子进行变异,变异过程中以 p_s 的概率选择变异方式。

Step5: 从父代种群、交叉子种群以及变异子种群中计算各个体的适应值,取适应值最小的 N_{pop} 个体形成子代种群,令 $t:=t+1$。

Step6: 对每个子代种群中适应值最小的个体进行调整算子操作,判断终止条件是否满足,如果满足则输出当前种群的最优个体作为问题的最优解;否则转 Step2 继续迭代。

4.2.4 数值计算

例 4-1 设有 6 个人员转移点和 4 个安置点以及 4 种不同的运输工具,需要安排人员转移及运输工具分配以最小化总应急转移时间。4 种运输工具的可用数量 $c(k)$ 及单位载运量 $w(k)$ 分别为:$c=\{5,10,12,6\}$,$w=\{10,30,20,40\}$,各人员转移点至安置点的转移所需时间如表 4-1 所示。

表 4-1 不同运输工具转移时间

$d_{ij}(k)$		安置点 j																a_i
		1				2				3				4				
转移点 i	1	4	10	12	10	3	8	13	9	5	6	16	8	2	12	15	6	165
	2	3	7	M	5	4	8	22	12	4	9	20	13	M	M	22	15	234
	3	1	8	13	18	M	M	14	15	4	6	17	27	7	14	13	16	156
	4	1	7	30	16	2	4	25	17	3	8	16	M	4	6	23	16	146
	5	3	4	26	4	1	M	M	1	M	6	10	5	1	9	28	10	245
	6	2	9	28	M	3	7	23	8	2	M	46	1	4	7	18	M	83
b_j		100				350				380				420				

表 4-1 中 M(取值为 1000)表示该道路无法使用该种运输工具,ε 取值为 0.0001。算法参数如下:种群规模 $N_{pop} = 50$,迭代次数 $T_{opt} = 100$ 次,交叉概率 $p_c = 0.8$,变异概率 $p_m = 0.3 - 0.25 \cdot t/T_{opt}$,这里 t 表示当前迭代代数,$\lambda_j = 10000$。本书算法所得最优目标函数值为 51,对应的解 $(x_{ij}^*, y_{ij}^*, u_{ij}^*)$ 见表 4-2。

表 4-2　例 4-1 的最优解

$(x_{ij}^*, y_{ij}^*, u_{ij}^*)$		安置点 j		
		2	3	4
转移点 i	1	(165,5,4)		
	2		(234,8,2)	
	3			(156,12,3)
	4	(146,2,2)		
	5			(245,5,1)
	6		(83,1,4)	

例 4-2　设有 10 个人员转移点和 6 个安置点以及 3 种不同的运输工具,需要安排人员从转移点转移至安置点,以及在不同的线路上分配运输工具以最小化总的人员运输时间,相关数据见表 4-3。

表 4-3　不同运输工具转移时间

$d_{ij}(k)$		安置点 j																	a_i
		1			2			3			4			5			6		
转移点 i	1	1	M	10	30	13	20	18	11	5	21	26	M	28	11	1	10	M	16	204
	2	25	10	6	2	23	18	13	1	13	24	21	28	29	22	15	2	4	11	208
	3	17	19	26	4	27	23	1	6	9	16	12	23	M	4	18	2	15	16	204
	4	19	23	22	20	4	28	28	23	2	2	29	29	12	27	5	28	26	10	166
	5	1	6	12	1	M	22	3	28	3	15	27	23	1	27	19	28	26	10	169
	6	3	M	26	8	22	23	9	7	10	M	19	4	6	23	9	21	M	3	201
	7	9	15	M	13	26	15	1	27	9	10	6	14	11	7	19	4	20	25	131
	8	29	27	14	21	21	20	8	26	14	16	29	17	22	7	19	6	25	10	210
	9	3	6	20	16	5	26	M	9	4	26	11	17	1	6	2	21	27	9	87
	10	26	15	16	18	27	M	18	23	1	7	19	14	21	4	24	27	25	13	120
b_j		250			340			280			480			190			300		

表 4-3 中 3 种运输工具的可用数量 $c(k)$ 及单位载运量 $w(k)$ 分别为：$c=\{5,10,12\}$，$w=\{10,30,40\}$。算法参数如下：种群规模 $N_{pop}=100$，迭代次数 $T_{opt}=200$ 次，交叉概率 $p_c=0.8$，变异概率 $p_m=0.3-0.25\cdot t/T_{opt}$。本书算法所得最优目标函数值为 295，对应的解（x_{ij}^*，y_{ij}^*，u_{ij}^*）见表 4-4。

表 4-4　例 4-2 的最优解

$(x_{ij}^*,y_{ij}^*,u_{ij}^*)$	安置点 j					
	1	2	3	4	5	6
1				(204,10,2)		
2	(163,1,3)				(21,1,3)	(24,1,1)
3			(160,1,3)			(44,1,1)
4		(91,1,3)		(75,1,1)		
转移点 i　5					(169,1,1)	
6				(201,1,3)		
7		(131,4,3)				
8		(118,1,3)				(92,1,3)
9	(87,1,1)					
10			(120,1,3)			

4.2.5　小　结

研究了当时间紧迫无法调集充足运输工具情况下，如何利用有限的运输工具合理地组织人员进行紧急转移的问题。文中所建模型结合了人员转移安排与运输工具分配这两个子问题，在有限运力前提下进行分批多次运输，以使总的人员转移时间最小化。模型的假设具有一定的现实意义，可为研究类似的应急决策问题提供一定的借鉴作用。通过设计保持可行性的遗传算子，结合罚函数方法提出了求解该模型的遗传算法，最后以两个数值例子说明了本书算法的有效性。

4.3　确定情况下时限应急疏散车辆调度决策

4.3.1　问题描述

在许多自然灾害情况下需要将受威胁群众进行疏散，设某个避难所负

责所在地区的 N 个疏散点的群众疏散任务,该避难所共有 K 辆运输车辆(属于 H 种不同车型)可以征集(需要付出相应的费用),每一辆车根据其车型不同具有不同的平均速度及单位载人量,每个疏散点由于受自然灾害影响的情况不同从而具有不同的最晚疏散完成时间限制,即每个疏散点的群众都需要在最晚疏散完成时间限制内从疏散点转移至避难所。设避难所没有自有车辆,要对疏散点群众进行疏散必须通过征集可得车辆才能进行;征集车辆所需的费用分为固定费用及车辆运行所需的可变费用(与车辆运行的里程相关)两部分,这些费用的大小由车型决定。为组织便利假设同一辆运输工具只负责一个疏散点的疏散任务,如图 4-2 所示。在满足现有的限制条件下,如何征集车辆以及合理安排车辆的疏散任务使得疏散所需总费用或者疏散总时间最小?

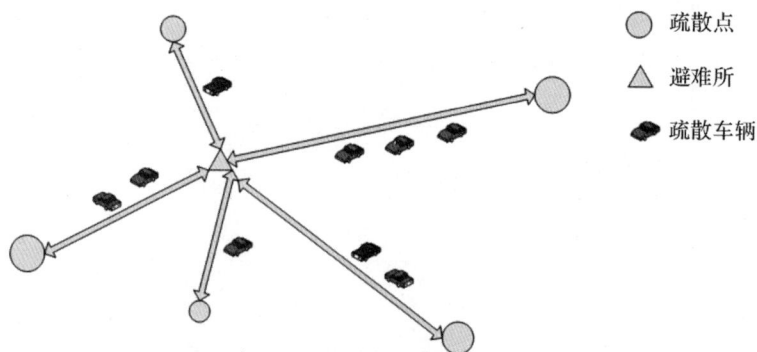

图 4-2 应急车辆配置示意图

建模之前根据问题背景作如下假设:

(1)各疏散点需转移的人数已知;

(2)避难所至各疏散点的距离已知;

(3)每辆车的车型已知;

(4)各种类型的运输工具属性已知(平均速度、单位载人量、征集所需固定费用及运行所需可变费用);

(5)各疏散点人员撤离至避难所的最晚疏散完成时间限制已知。

4.3.2 参数和变量设置

参数设置:

N:各疏散点组成的集合;

H:现有车辆的车型组成的集合;

K:可征集运输车辆组成的集合;

S_n:疏散点 n 待疏散人员数,$n \in N$;

T_n：疏散点 n 最晚疏散时间限制，$n \in \boldsymbol{N}$；

d_n：疏散点 n 至避难所的距离，$n \in \boldsymbol{N}$；

$h_k \in \boldsymbol{H}$：第 k 辆车的车型，$k \in \boldsymbol{K}$；

$w(h)$：h 车型的运输车辆单位运载量（以人为单位），$h \in \boldsymbol{H}$；

$v(h)$：h 车型的运输车辆平均速度，$h \in \boldsymbol{H}$；

$c_1(h)$：h 车型的运输车辆征集所需固定费用，$h \in \boldsymbol{H}$；

$c_2(h)$：h 车型的运输车辆单位里程运行费用，$h \in \boldsymbol{H}$；

变量设置：当有第 k 辆车负责疏散点 n 的疏散任务时，$y_{kn} = 1$，否则 $y_{kn} = 0$；

x_{kn}：第 k 辆车至疏散点 n 的出车次数。

4.3.3 模型构建

我们建立的模型有两个不同的目标：一个目标是在满足各疏散点最晚疏散时间限制的条件下最小化疏散所需的总费用；另一个目标是根据应急疏散问题的弱经济性，在同样的约束条件下最小化疏散所需的总时间。根据这两个不同的目标，可以得到模型的两个目标函数如下：

（1）最小化疏散总费用

$$\min f_1 = \sum_{n \in \boldsymbol{N}} \sum_{k \in \boldsymbol{K}} \left[c_1(h_k) y_{kn} + 2 d_n c_2(h_k) x_{kn} \right] \tag{4-3-1}$$

（2）最小化疏散总时间

$$\min f_2 = \sum_{n \in \boldsymbol{N}} \sum_{k \in \boldsymbol{K}} \left(\frac{2 d_n}{v(h_k)} x_{kn} \right) \tag{4-3-2}$$

将上述两个目标通过加权的方法结合成以下单目标形式，其中权重系数 $0 \leqslant \lambda \leqslant 1$：

$$\min f = \lambda f_1 + (1 - \lambda) f_2 \tag{4-3-3}$$

约束条件则由以下（4-3-4）～（4-3-9）式给出：

s.t.
$$\sum_{n \in \boldsymbol{N}} y_{kn} \leqslant 1, \forall k \in \boldsymbol{K} \tag{4-3-4}$$

$$\sum_{k \in \boldsymbol{K}} y_{kn} \geqslant 1, \forall n \in \boldsymbol{N} \tag{4-3-5}$$

$$y_{kn} \leqslant x_{kn} \leqslant y_{kn} \cdot M, \forall k \in K, \forall n \in \boldsymbol{N} \tag{4-3-6}$$

$$\sum_{k \in \boldsymbol{K}} \left[w(h_k) \cdot x_{kn} \right] \geqslant S_n, \forall n \in \boldsymbol{N} \tag{4-3-7}$$

$$\max_{k \in K} \left\{ \frac{2 d_n}{v(h_k)} \cdot x_{kn} \right\} \leqslant T_n, \forall n \in \boldsymbol{N} \tag{4-3-8}$$

$$x_{kn} \geqslant 0 \text{ 且为整数}, y_{kn} \in \{0,1\} \tag{4-3-9}$$

约束条件说明：约束条件(4-3-4)表示每辆车最多只负责一个疏散点；约束条件(4-3-5)表示每一个疏散点至少有一辆车负责该点的疏散任务；约束条件(4-3-6)对车辆的出车次数及车辆服务疏散点的指示函数之间进行了相关的限制，当 $y_{kn}=0$ 即第 k 辆车不对疏散点 n 服务时，则该车至疏散点 n 的出车次数必然为 0，同样为了避免出现征集车辆但不安排出车的情况，当 $y_{kn}=1$ 即第 k 辆车负责对疏散点 n 服务时，则该车至疏散点 n 的出车次数至少为 1 次；约束条件(4-3-7)表示每个疏散点所到达车辆总载人次不低于疏散点人数；约束条件(4-3-8)表示各疏散点所有到达的车辆完成疏散任务的最大时间不超过该疏散点的疏散时间限制；约束条件(4-3-9)表示变量的约束。

约束条件处理：约束条件(4-3-8)左侧是一个最大化的表达式，如果保持这样的约束条件不变，该模型只能按双层规划模型进行求解，然而我们可以通过增加约束条件的维数来改变这一条件，即将约束条件变为如下：

$$\frac{2d_n}{v(h_k)} \cdot x_{kn} \leqslant T_n, \forall k \in \boldsymbol{K}, \forall n \in \boldsymbol{N} \tag{4-3-10}$$

显然，采用约束条件(4-3-10)的形式，虽然使得约束条件的个数从原来(4-3-8)式所对应的 $|N|$ 个增加到了 $|K \cdot N|$ 个，但由于这些约束条件都是线性的，从模型求解的角度而言转变为混合整数规划比原来的双层规划形式要更加容易。因此我们将(4-3-10)式替换模型中的约束条件(4-3-8)，结合目标函数(4-3-3)可知模型已经转化为混合整数规划模型，利用 CPLEX 求解器可对上述模型进行数值计算。

4.3.4　数值计算

例 4-3　设某个避难所负责其责任范围内的 6 个疏散点，即将到来的一次飓风将会先后影响这些疏散点，各疏散点待疏散人员数为 S_n（单位：人），该避难所到各疏散点的距离为 d_n（单位：km）；由于飓风影响各疏散点的时间不同，设各疏散点完成疏散任务的最晚时间限制为 T_n（单位：分钟），具体数据见表 4-5。

表 4-5　各疏散点相关数据

	待疏散点					
	$n=1$	$n=2$	$n=3$	$n=4$	$n=5$	$n=6$
S_n（人）	20	58	35	54	18	45
d_n（km）	60	52	35	50	74	18
T_n（分钟）	160	200	150	240	360	180

假设现在该避难所可供征集车辆共有 10 辆,这些车辆分别属于 4 种车型,将所有车辆编号后按顺序给出车型参数为 $h_k = \{1,1,1,2,2,3,3,4,4,4\}$,各车型的单位载客量及平均速度分别为 $w(h)$ 和 $v(h)$,各种车型征集所需的固定费用及运行所需的单位里程费用分别为 $c_1(h)$ 及 $c_2(h)$,各车型的属性数据如表 4-6 所示;现需要在所给定的时间限制条件下将所有疏散点待疏散人员通过车辆运输至避难所,如何征集车辆并安排车辆负责的疏散点及出车次数?

表 4-6　各车型属性数据

车型属性	车型			
	$h=1$	$h=2$	$h=3$	$h=4$
$w(h)$（人/辆）	7	10	25	60
$v(h)$（km/h）	70	60	55	40
$c_1(h)$（元/辆）	150	200	350	500
$c_2(h)$（元/km）	1	2	4	6

计算平台为戴尔个人笔记本电脑,Intel i3 1.8G 处理器,内存为 4G,硬盘为 128G 闪存盘,利用 MATLAB R2010b 编程结合 CPLEX 12.5 对本例进行了计算,目标函数权重系数 λ 以 0.1 的步长从 0 取到 1,对每一个权重系数的具体取值均计算 10 次,结果发现不同的权重系数对应着 4 组帕累托最优解,4 组解的目标函数值、10 次计算平均 CPU 时间（单位:秒）与权重系数的对应关系见表 4-7。

表 4-7　目标函数、平均 CPU 计算时间与权重系数相关结果

λ	0	0.1	0.2	0.3	0.4	0.5	0.6	0.7	0.8	0.9	1
f_1	4270	3938	3938	3938	3938	3788	3788	3703	3703	3703	3703
f_2	878.2	883.4	883.4	883.4	883.4	1017.9	1017.9	1212.9	1212.9	1212.9	1212.9
f	878.2	1188.8	1494.3	1799.8	2105.2	2403	2680	2956	3205	3454	3703
t_{CPU}	0.2980	0.3011	0.3167	0.3650	0.3058	0.2933	0.3011	0.3058	0.3026	0.2886	0.2995
最优解	x_1^*		x_2^*			x_3^*			x_4^*		

这 4 组帕累托解所对应的各疏散点人员疏散完成时间见表 4-8。

表 4-8 各组帕累托解所对应各疏散点人员疏散完成时间

疏散完成时间(分钟)		疏散点					
		$n=1$	$n=2$	$n=3$	$n=4$	$n=5$	$n=6$
帕累托解	x_1^*	130.9	156	105	150	161.5	108
	x_2^*	130.9	156	105	150	161.5	180
	x_3^*	130.9	156	105	150	296	180
	x_4^*	130.9	156	120	150	296	180
疏散时间限制	T_n	160	200	150	240	360	180

为直观起见,下面将表 4-8 中的 4 组帕累托解及对应的权重系数 λ 用图形的形式表示为图 4-3。

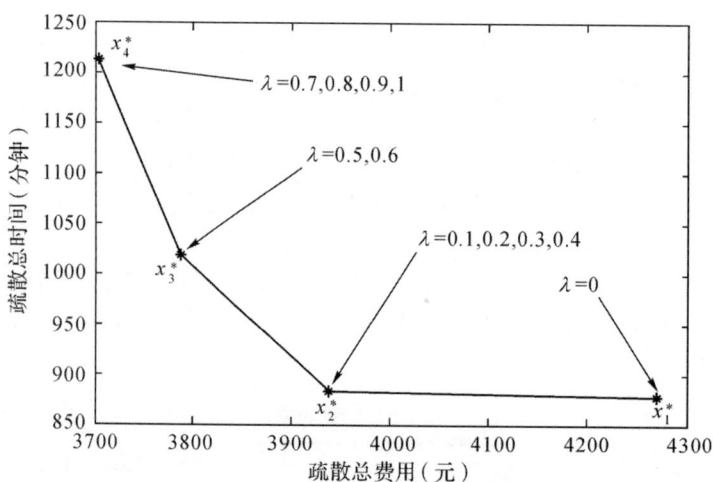

图 4-3 帕累托解与权重系数相关图

4 组帕累托最优解见表 4-9,表中每个元素都由一个包含 4 个元素的数组表示,这 4 个元素分别代表 4 个帕累托解(x_1^*,x_2^*,x_3^*,x_4^*)所对应的每一辆车对于各疏散点的出车任务,如表中 $k=1$ 这一行中 $n=3$ 列和 $n=6$ 列处的数组分别为(0;0;0;1)和(1;0;0;0),即表明第 1 辆车在 x_1^* 这个解中需要完成疏散点 6 的 1 次出车任务,而在 x_4^* 这个解中需要完成疏散点 3 的 1 次出车任务,而在 x_2^* 和 x_3^* 中则不需要出车。

表 4-9　疏散车辆最优安排表$(x_1^*,x_2^*,x_3^*,x_4^*)$

	疏散点					
	$n=1$	$n=2$	$n=3$	$n=4$	$n=5$	$n=6$
$k=1$			(0;0;0;1)			(1;0;0;0)
$k=2$			(0;0;0;2)			
$k=3$			(0;0;0;2)			
$k=4$					(0;0;2;0)	(1;5;0;5)
$k=5$					(0;0;0;2)	(3;0;5;0)
$k=6$	(0;1;0;1)				(1;0;0;0)	
$k=7$	(1;0;1;0)				(0;1;0;0)	
$k=8$		(0;1;0;0)	(1;0;0;0)	(0;0;1;0)		
$k=9$	(1;0;0;1)	(0;0;1;0)	(0;1;0;0)			
$k=10$		(0;0;1;0)	(0;1;0;0)	(1;0;0;1)		

4.3.5　小　结

本书着眼于具有一定响应时间的应急疏散情景,在各疏散点待疏散人员具有最晚疏散完成时间限制的条件下,考虑从现有运输工具中征集合适的运输车辆并安排合理的疏散方案将各疏散点人员及时撤离至避难所,在满足应急疏散时间限制的前提下最小化疏散总费用或者最小化疏散总时间。模型的假设具有较强的现实意义,可为涉及类似的应急决策问题时为决策者提供一定的借鉴作用,模型的建立过程考虑了求解的因素,通过增维降低了模型求解的难度,多次运算表明该模型结合 CPLEX 可以在极短的时间内求解出最优的结果,该模型还可以考虑作为一个模块整合进入应急决策系统。

4.4　基于绝对偏差调整的应急疏散车辆配置决策

4.4.1　问题描述

在许多自然灾害情况下需要将受威胁群众进行疏散,设某个避难所负责所在地区的 N 个疏散点的群众疏散任务,根据历史资料统计该地区共有 M 种情景模式需要对群众进行疏散,不同情景模式下各疏散点的待疏散人员数量及最晚疏散完成时间限制有所不同,各种情景模式出现的概率可由统计数据给出。该避难所需要从 H 种不同车型中选择配置一定数量的车辆以应对各种情景模式下的应急疏散任务,每一辆车根据其车型不同具有不同的平均速度、单位载人量以及配置所需单位成本,避难所用于配置应急疏散车辆的总可用资金具有一定的限制。在给定避难所的车辆配置方案的前提下,可以通过合理组织安排车辆的多车次疏散出车任务使得各种情景模式下的所需疏散时间最短。为避免疏散时的组织混乱,假设同一辆车只负责一个疏散点的应急疏散任务。在满足现有的限制条件下,如何合理配置所需的车辆以及每一车辆在各种情景模式下的疏散出车任务使得疏散所需期望总时间最短?本书针对避难所车辆配置计划问题进行研究,考虑到不同情景模式下所负责的疏散点具有不同的待疏散人员数量及疏散最晚完成时间限制,合理配置车辆并针对各种情景模式安排每一车辆的疏散出车任务以使期望疏散总时间最小化。

建模之前根据问题背景作如下假设:

(1)各种情景模式下各疏散点待疏散人员数量及疏散最晚完成时间限制已知;

(2)各种情景模式出现的概率已知;

(3)避难所至各疏散点的距离已知;

(4)各种类型的运输工具属性已知(平均速度、单位载人量、配置所需单位成本);

(5)可用于配置车辆的资金限额已知。

4.4.2 参数和变量设置

参数设置:

N:各疏散点组成的集合;

H:现有车辆的车型组成的集合;

M:所有情景模式组成的集合;

C:可用于车辆配置的资金限额;

ξ_i:第 i 种情景模式,$i \in M$;

p_i:第 i 种情景模式所对应的概率,$i \in M$;

K_X:给定车辆配置方案 X 时运输车辆组成的集合;

$S_n^{\xi_i}$:情景模式 ξ_i 下疏散点 n 待疏散人员数,$n \in N$;

$T_n^{\xi_i}$:情景模式 ξ_i 下疏散点 n 最晚疏散时间限制,$n \in N$;

d_n:疏散点 n 至避难所的距离,$n \in N$;

$h_X(k) \in H$:给定车辆配置方案 X 时按序排列的第 k 辆车车型,$k \in K_X$;

$w(h)$:h 车型的运输车辆单位运载量(以人为单位),$h \in H$;

$v(h)$:h 车型的运输车辆平均速度,$h \in H$;

$c(h)$:h 车型的运输车辆配置所需单位成本,$h \in \boldsymbol{H}$;

变量设置:

X_h:h 车型的车辆配置数量,$h \in \boldsymbol{H}$;

x_{kn}:第 k 辆车至疏散点 n 的出车次数。

说明:$h_X(k)$ 是给定车辆配置方案 X 时按序排列的第 k 辆车车型,例如 $\boldsymbol{X} = \{X_1, X_2, X_3\} = \{1, 3, 2\}$,则 $\boldsymbol{h}_X(k) = \{1, 2, 2, 2, 3, 3\}$,表示第 1 辆车车型为 $h = 1$,第 2、3、4 辆车车型为 $h = 2$,第 5、6 辆车车型为 $h = 3$。另外,给定车辆配置方案 $\boldsymbol{X} = \{X_1, X_2, \cdots, X_H\}$,则 $\boldsymbol{K}_X = \sum\limits_{h \in \boldsymbol{H}} \boldsymbol{X}_h$。

4.4.3 模型构建

将所研究的问题分解成一个双层规划模型,上层模型以可用配置资金为限制,以所有情景模式疏散总时间的期望值为目标函数;下层模型在给定情景模式及车辆配置方案的前提下安排车辆的疏散出车任务,具体模型如下:

上层模型:

$$\min E(X) = \sum_{i \in M} p_i \cdot T(\xi_i, X) + \lambda \sum_{i \in M} p_i \cdot \mid T(\xi_i, X) - \sum_{i \in M} p_i \cdot T(\xi_i, X) \mid \tag{4-4-1}$$

(P1) s. t.
$$\sum_{h \in \boldsymbol{H}} c(h) \cdot X(h) \leqslant C \tag{4-4-2}$$

$$X_h \geqslant 0,\text{且为整数} \tag{4-4-3}$$

说明:目标函数(4-4-1)中 $T(\xi_i, X)$ 为情景模式 ξ_i 下根据车辆配置方案 X 进行最优车辆出车安排时所得的最小疏散总时间,而目标函数 $E(X)$ 由两项组成,第一项为给定所有情景模式时疏散总时间的期望值,而第二项则为每一情景模式下的最小疏散时间与期望值之间的绝对偏差乘以权重系数 λ,可以控制配置方案 X 在各种情景下与期望值偏差不太大。约束条件(4-4-2)表示配置应急疏散车辆所需的总费用不可超过可用资金总额;约束条件(4-4-3)表示车辆配置数应为非负整数。下层模型在给定情景模式以及车辆配置方案的前提下求解每一车辆的疏散出车任务以最小化上层模型中的 $T(\xi_i, X)$。

下层模型:

$$T(\xi_i, X) = \min \sum_{n \in \boldsymbol{N}} \sum_{k \in \boldsymbol{K}} \left(\frac{2d_n}{v(h_X(k))} \cdot x_{kn} \right) \tag{4-4-4}$$

$$\sum_{n \in \boldsymbol{N}} \delta(x_{kn}) \leqslant 1, \forall k \in \boldsymbol{K} \tag{4-4-5}$$

(P2)
$$\sum_{k \in \boldsymbol{K}} \delta(x_{kn}) \geqslant 1, \forall n \in \boldsymbol{N} \tag{4-4-6}$$

$$\sum_{k \in K_X} [w(h_X(k)) \cdot x_{kn}] \geqslant S_n^{\xi_i}, \forall n \in \mathbf{N} \tag{4-4-7}$$

$$\max_{k \in K_X} \left\{ \frac{2d_n}{v(h_X(k))} \cdot x_{kn} \right\} \leqslant T_n^{\xi_i}, \forall n \in \mathbf{N} \tag{4-4-8}$$

$$x_{kn} \geqslant 0 \text{ 且为整数} \tag{4-4-9}$$

说明：目标函数(4-4-4)表示在给定车辆配置方案 X 前提下完成 ξ_i 情景下疏散任务所用最少总时间；约束条件(4-4-5)表示每辆车最多只安排一个负责服务的疏散点，其中 $\delta(x) = \begin{cases} 1, x > 0 \\ 0, x = 0 \end{cases}$；约束条件(4-4-6)表示每一个疏散点至少有一辆车负责该点的疏散任务；约束条件(4-4-7)表示每个疏散点所到达车辆总载人次不低于疏散点待疏散人数；约束条件(4-4-8)表示各疏散点所有到达的车辆完成疏散任务的最大时间不超过该疏散点的疏散时间限制；约束条件(4-4-9)表示变量的约束。

下层模型变形：下层模型 $(P2)$ 中约束条件(4-4-5)和(4-4-6)中含有指示函数 $\delta(x)$，而(4-4-8)左侧是一个最大化的表达式，这样的约束条件使得下层模型呈现了非线性性质，这样的建模形式不利于求解。本书通过增加变量及约束条件来改变下层模型的非线性性质，即将下层模型变形如下：

$$T(\xi_i, X) = \min \sum_{n \in \mathbf{N}} \sum_{k \in \mathbf{K}} \left(\frac{2d_n}{v(h_X(k))} \cdot x_{kn} \right) \tag{4-4-10}$$

$$\sum_{n \in \mathbf{N}} y_{kn} \leqslant 1, \forall k \in \mathbf{K} \tag{4-4-11}$$

$$\sum_{k \in \mathbf{K}} y_{kn} \geqslant 1, \forall n \in \mathbf{N} \tag{4-4-12}$$

$(P3)$
$$y_{kn} \leqslant x_{kn} \leqslant y_{kn} \cdot M, \forall k \in K, \forall n \in \mathbf{N} \tag{4-4-13}$$

$$\sum_{k \in \mathbf{K}_X} [w(h_X(k)) \cdot x_{kn}] \geqslant S_n^{\xi_i}, \forall n \in \mathbf{N} \tag{4-4-14}$$

$$\frac{2d_n}{v(h_k)} \cdot x_{kn} \leqslant T_n, \forall k \in K, \forall n \in \mathbf{N} \tag{4-4-15}$$

$$x_{kn} \geqslant 0 \text{ 且为整数}, y_{kn} \in \{0,1\} \tag{4-4-16}$$

其中 M 为充分大的正数，该模型中新引入了一个 $0-1$ 变量 y_{kn} 表示当车辆 k 负责对疏散点 n 进行疏散时取值为1，否则取值为0；约束条件(4-4-13)建立了 $0-1$ 变量 y_{kn} 与非负整数变量 x_{kn} 之间的内在关系；约束条件(4-4-14)通过增加维数去掉了原约束条件(4-4-8)中的最大化表达式；对比两个模型可知模型 $(P2)$ 与模型 $(P3)$ 是等价的，而 $(P3)$ 已经转化为整数线性规划模型，利用 CPLEX 软件的内置算法可对下层模型 $(P3)$ 进行有效的计算。

4.4.4 算法设计

求解双层模型时，下层模型是整数线性规划问题，可利用 CPLEX 12.4

内置算法进行求解，而由于上层问题中 $T(\xi_i, X)$ 对于 X 是非线性的，从而上层模型实际上是一个非线性整数规划模型，一般的优化算法很难求解。由于智能优化方法具有很强的全局搜索能力，因此在对该模型求解时，应用智能算法可以得到相对满意的解。本书利用模拟退火算法求解上层模型。模拟退火算法（Simulated Annealing, SA）最早的思想是由 N. Metropolis 等人于 1953 年提出，1983 年，S. Kikpatrick 等成功地将退火思想引入到组合优化领域。模拟退火算法是基于 Monte-Carlo 迭代求解策略的一种随机寻优算法，其出发点是基于物理中固体物质的退火过程与一般组合优化问题之间的相似性。从某一较高初始温度出发，随着温度参数的不断下降，结合概率突跳特性在解空间中随机寻找目标函数的全局最优解。模型退火算法是一种通用的优化算法，理论上具有概率的全局优化性能。算法流程如下：

算法流程：

Step1：设置初始值，令 $T_s := 100$，$r := 0.9$，$T_{end} := 1$；生成初始可行解。任取 $h \in H_{set}$，令 X_h 为 $[0, X^{up}]$ 之间的任意整数，其中 $X^{up} := \lfloor C/c_h \rfloor$，这里 $\lfloor x \rfloor$ 表示不超过 x 的整数，更新 $H_{set} := H_{set} \backslash h$，$C := C - c_h \cdot X_h$，重复这一过程，直到 $H_{set} = \varnothing$。

Step2：根据 $\boldsymbol{X} = \{X_1, \cdots, X_H\}$，得 $\boldsymbol{K}_X = \sum\limits_{h \in \boldsymbol{H}} \boldsymbol{X}_h$ 以及 $h_X(k)$，$k \in \boldsymbol{K}_X$ 代入下层模型（P3），利用 CPLEX 12.4 内置算法求解得到各种情景模式下的最优目标函数值 $T(\xi_i, X)$，返回上层模型得到车辆配置方案 X 所对应的期望总时间 $E(X)$，令 $bestEX := E(X)$，$bestX := X$。

Step3：根据当前解 X，生成其邻域解 X'：先令 $X' := X$，令 $HX := H$，$HX_0 := \{h \in HX \mid X_h > 0\}$，任取 $h' \in HX_0$，令 $X'_{h'}$ 为 $[0, X_{h'} - 1]$ 之间任意整数，任取 $h'' \in HX \backslash h'$，令 $X'_{h''} := \lfloor C_r/c_{h''} \rfloor$，这里 $C_r := C - \sum\limits_{h \in HX \backslash h''} c_h \cdot X_h$。

Step4：计算解 X' 对应的下层模型目标函数值 $T(\xi_i, X)$，返回得到 $E(X')$；若 $E(X') < E(X)$，则令 $bestEX := E(X')$，$bestX := X'$，$X := X'$ 转 Step3；否则计算 $\Delta z = \exp\left(\dfrac{E(X') - E(X)}{T_s}\right)$，产生随机数 $\zeta \in U(0,1)$，若 $\Delta z > \zeta$，则令 $X := X'$，否则 $X := X$。

Step5：更新 $T_s := T_s \cdot r$，若 $T_s > T_{end}$ 则转 Step3，否则停止，输出最优目标函数值为 $bestEX$，最优车辆配置方案为 $bestX$。

说明：Step4 中采用了 Metropolis 准则的邻域移动方法，若新解的目标函数值小于当前解的目标函数值，则进行无条件移动，否则依据一定的概率进行有条件移动,其中 $U(0,1)$ 表示区间 $[0,1]$ 上的均匀分布。

4.4.5 数值计算

例 4-4 设某避难所需要配置应急疏散车辆以应对各种情景模式下所负责的 $N=6$ 个疏散点人员的疏散任务,各疏散点到避难所的距离为 $d_n=\{60,48,37,55,84,18\}$(单位:km);已知现有车辆类型 $H=4$ 种,各车型的单位载客量 $w(h)$(单位:人/辆)、平均速度 $v(h)$(单位:km/h)以及配置所需的费用 $c(h)$(单位:万元/辆)见表 4-10。

表 4-10 各车型车辆属性

车型属性	车型			
	$h=1$	$h=2$	$h=3$	$h=4$
$w(h)$(人/辆)	7	10	25	60
$v(h)$(km/h)	70	65	55	40
$c(h)$(万元/辆)	15	20	35	50

假设避难所可供配置应急疏散车辆的资金限额为 500 万元;共需考虑 5 种情景模式 ξ_i。根据历史资料统计分析,该 5 种情景模式出现的概率 p_i、5 种情景模式下各疏散点待疏散人数 $S_n^{\xi_i}$ 及疏散最晚完成时间限制 $T_n^{\xi_i}$ 见表 4-11。

表 4-11 疏散点情景模式数据表

$(S_n^{\xi_i},T_n^{\xi_i})$	疏散点						P_i
	N_1	N_2	N_3	N_4	N_5	N_6	
ξ_1	(40,160)	(116,200)	(70,150)	(120,240)	(36,360)	(144,180)	0.10
ξ_2	(60,220)	(96,240)	(90,180)	(112,200)	(40,300)	(136,210)	0.20
ξ_3	(50,190)	(112,150)	(80,200)	(116,340)	(36,240)	(140,260)	0.45
ξ_4	(56,320)	(108,240)	(86,300)	(100,180)	(44,200)	(130,320)	0.18
ξ_5	(60,180)	(90,340)	(76,210)	(110,250)	(50,200)	(150,150)	0.27

说明:表中括号内第一个数表示对应情景模式下某疏散点待疏散人数 $S_n^{\xi_i}$(单位:人),第二个数表示对应情景模式下该疏散点最晚疏散完成时间限制 $T_n^{\xi_i}$(单位:分钟)。

1.不考虑偏差项影响的结果

首先分析目标函数(4-4-4)中仅考虑期望值的情况,也即目标函数关于偏差项的系数 $\lambda=0$。

利用上述算法结合 Matlab R2010b 编程,求解下层模型(P3)时调用

CPLEX 12.4 内置算法,对上述算例进行了 10 次计算,结果如表 4-12 所示。

表 4-12　算例 10 次求解结果示意表

目标函数值	1510.1	1515.0	1518.2	1521.2	1526
出现次数	3	1	3	2	1

从表 4-12 可知,10 次计算所得最优目标函数值为 1510.1 分钟,平均目标函数值为 1516.8 分钟,达优率为 30%;最优解为 $X = [0,0,4,7]$,总配置费用为 490 万元。在车辆最优配置方案下,各种情景模式的出车安排 x_{kn} 见表 4-13。

表 4-13　最优配置方案下各种情景模式出车安排($\lambda = 0$)

出车安排	疏散点					
	N_1	N_2	N_3	N_4	N_5	N_6
$k=1$	(0,0,0,0,0)	(0,0,0,0,0)	(0,0,0,0,**1**)	(0,0,0,0,0)	(0,0,0,0,0)	(**1**,**1**,**1**,**1**,0)
$k=2$	(**1**,0,0,0,0)	(0,0,0,0,0)	(0,**2**,**1**,0,0)	(0,0,0,0,0)	(0,0,0,**1**,0)	(0,0,0,0,0)
$k=3$	(0,0,0,0,0)	(0,0,0,0,0)	(**1**,0,0,0,0)	(0,0,0,0,0)	(0,0,**1**,**1**,**1**)	(0,0,0,0,0)
$k=4$	(**1**,0,0,0,0)	(0,0,0,0,0)	(0,**2**,0,0,0)	(0,0,0,0,0)	(0,0,**1**,0,**1**)	(0,0,0,0,0)
$k=5$	(0,0,0,0,0)	(0,**1**,0,0,0)	(0,0,0,**2**,0)	(0,0,0,0,0)	(0,0,0,0,0)	(**2**,0,**2**,0,**2**)
$k=6$	(0,0,0,0,0)	(0,**1**,0,0,0)	(0,0,0,0,0)	(**1**,0,0,**1**,**1**)	(0,0,0,0,0)	(0,0,0,0,0)
$k=7$	(0,0,0,0,0)	(0,0,**1**,0,**2**)	(0,0,0,0,0)	(**1**,0,0,0,0)	(0,**1**,0,0,0)	(0,0,0,**2**,0)
$k=8$	(0,0,0,**1**,0)	(0,0,0,0,0)	(**1**,0,**1**,0,0)	(0,0,0,0,0)	(0,0,0,0,0)	(0,**2**,0,0,**1**)
$k=9$	(0,0,0,0,0)	(0,0,0,**1**,0)	(0,0,0,0,0)	(0,**1**,**2**,0,**1**)	(**1**,0,0,0,0)	(0,0,0,0,0)
$k=10$	(0,0,0,0,**1**)	(**1**,0,**1**,0,0)	(0,0,0,0,0)	(0,**1**,0,**1**,0)	(0,0,0,0,0)	(0,0,0,0,0)
$k=11$	(0,**1**,**1**,0,0)	(**1**,0,0,**1**,0)	(0,0,0,0,**1**)	(0,0,0,0,0)	(0,0,0,0,0)	(0,0,0,0,0)

说明:表 4-13 中括号内 5 个数字分别代表 5 种情景模式下,每一车辆对各疏散点的出车次数,如 $k=2$ 行、N_3 列处(0,**2**,**1**,0,0)表示第 2 辆车在 ξ_2 情景模式下对 N_3 进行 2 次疏散出车任务,在 ξ_3 情景模式下对 N_3 进行 1 次疏散出车任务,而在其他情景模式下对 N_3 无疏散出车任务。根据表 4-13 中的最优出车安排表可得各疏散点在各情景模式下的实际疏散完成时间如表 4-14 所示。

表 4-14　各疏散点实际疏散完成时间($\lambda=0$)

疏散完成时间	疏散点						疏散总时间
	N_1	N_2	N_3	N_4	N_5	N_6	
ξ_1	130.9	144	111	165	252	108	1470.8
ξ_2	180	144	161.5	165	252	108	1520.2
ξ_3	180	144	111	330	183.3	108	1503.5
ξ_4	180	144	222	165	183.3	108	1533.8
ξ_5	180	288	111	165	183.3	108	1518.3

注意表 4-14 中第二列到第七列给出了各个疏散点完成人员疏散的最晚时间,由于每个疏散点可能由多辆车进行服务,所以所给最晚时间是指服务该疏散点的车辆中最晚完成疏散任务的时间。而最后一列表示所有疏散点完成疏散所用的总时间,为所有车辆疏散服务所用时间之和。

2. 考虑偏差项影响的结果

其次考虑目标函数中包含偏差项影响时的车辆配置结果,比如令目标函数(4-4-4)中关于偏差项的系数 $\lambda=10$,则不考虑偏差项影响时的最优解 $X_{\lambda=0}^{*}=[0,0,4,7]$ 所对应的目标函数值为 1644.8;而此时所得最优解为 $X_{\lambda=10}^{*}=[3,0,3,7]$,总车辆数为 13 辆,对应的目标函数值为 1582.1。总配置费用为 500 万元,在该车辆配置方案下,各种情景时的车辆出车安排见表 4-15。

表 4-15　最优配置方案下各种情景模式出车安排($\lambda=10$)

出车安排	疏散点					
	N_1	N_2	N_3	N_4	N_5	N_6
$k=1$	(0,0,0,0,0)	(0,0,0,0,0)	(0,**1**,0,0,0)	(0,0,0,0,0)	(0,0,0,0,0)	(0,0,0,0,0)
$k=2$	(0,0,0,0,0)	(0,0,0,0,0)	(0,0,0,0,0)	(0,0,0,0,0)	(0,0,0,0,0)	(0,0,0,0,0)
$k=3$	(0,0,0,0,0)	(0,0,0,0,0)	(0,0,0,0,0)	(0,0,0,0,0)	(0,0,0,0,0)	(0,0,0,0,0)
$k=4$	(**1**,0,0,0,0)	(0,0,0,0,0)	(0,0,0,0,**1**)	(0,0,0,0,0)	(0,0,**1**,0,0)	(0,0,0,**1**,0)
$k=5$	(**1**,0,0,0,0)	(0,**2**,0,0,0)	(0,0,0,0,0)	(0,0,0,0,0)	(0,0,**1**,**1**,**1**)	(0,0,0,0,0)
$k=6$	(0,0,0,0,0)	(0,0,0,0,0)	(**1**,**1**,**1**,0,0)	(0,0,0,0,0)	(0,0,0,**1**,**1**)	(0,0,0,0,0)
$k=7$	(0,0,0,0,0)	(**1**,0,**1**,0,0)	(0,**1**,0,0,0)	(**1**,0,0,**1**,**1**)	(0,0,0,0,0)	(0,0,0,0,0)
$k=8$	(0,**1**,0,0,0)	(**1**,0,0,0,0)	(0,0,0,0,**0**)	(0,0,**2**,0,0)	(**1**,0,0,0,0)	(0,0,0,**2**,**2**)
$k=9$	(0,0,0,0,0)	(0,0,**1**,0,**2**)	(0,0,0,**2**,0)	(0,**1**,0,0,0)	(0,0,0,0,0)	(0,0,0,0,0)
$k=10$	(0,0,0,0,0)	(0,0,0,**1**,0)	(0,0,0,0,0)	(0,0,0,0,0)	(0,0,0,0,0)	(0,**2**,0,0,**1**)
$k=11$	(0,0,**1**,0,0)	(0,**1**,0,0,0)	(0,0,0,0,0)	(**1**,0,0,**1**,**1**)	(0,0,0,0,0)	(0,0,0,0,0)
$k=12$	(0,0,0,0,0)	(0,0,**1**,0,0)	(**1**,0,**1**,0,**1**)	(0,**1**,0,0,0)	(0,0,0,0,0)	(0,0,0,0,0)
$k=13$	(0,0,0,**1**,**1**)	(0,0,0,0,0)	(0,0,0,0,0)	(0,**1**,0,0,0)	(0,0,0,0,0)	(**3**,0,**3**,0,0)

根据表 4-15 中的最优出车安排表可得各疏散点在各情景模式下的实际疏散完成时间及完成所有疏散任务所用总时间如表 4-16 所示。

表 4-16 各情景下疏散点最晚完成时间及总时间($\lambda = 10$)

疏散完成时间	疏散点						疏散总时间
	N_1	N_2	N_3	N_4	N_5	N_6	
ξ_1	130.9	144	111	165	252	162	1485.5
ξ_2	180	209.5	111	165	252	108	1517.9
ξ_3	180	144	111	330	183.3	162	1518.3
ξ_4	180	144	222	165	183.3	108	1533.8
ξ_5	180	288	111	165	183.3	108	1518.3

比较 $X_{\lambda=0}^* = [0, 0, 4, 7]$ 和 $X_{\lambda=10}^* = [3, 0, 3, 7]$ 对于偏差项的影响,在各种情景疏散所用总时间与期望值之间的绝对偏差见表 4-17 所示。

表 4-17 各种情景下两种车辆配置方案绝对偏差比较

绝对偏差	情景模式					绝对偏差期望值
	ξ_1	ξ_2	ξ_3	ξ_4	ξ_5	
$X_{\lambda=0}^*$	42.2073	7.1564	9.4800	20.7927	5.2473	13.1815
$X_{\lambda=10}^*$	32.1748	0.1629	0.5525	16.0979	0.5525	6.4350

从表 4-17 中可以看到,当目标函数中绝对偏差项的权重变大时,各种情景下的疏散总时间与疏散总时间期望值的绝对偏差相对减小,这就意味着车辆配置方案对于各种不同情景疏散所需总时间与期望值比较接近,不会产生偏差很大的情况。其中模拟退火算法的迭代进程图如图 4-4 所示。

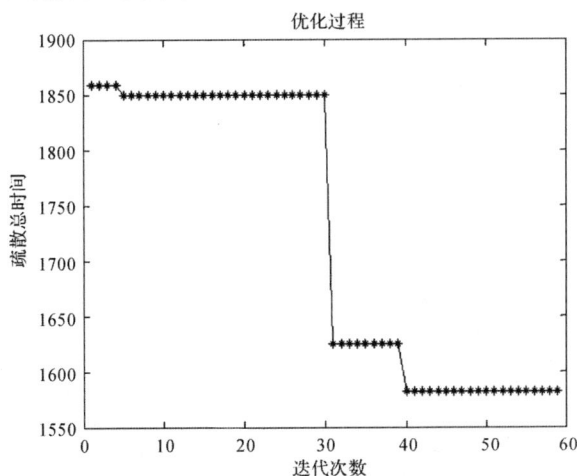

图 4-4 算法迭代进程

4.4.6 小 结

本节研究基于应急疏散情景模式的避难所应急疏散车辆配置问题,假设各疏散点待疏散人员以及最晚疏散完成时间限制由情景模式决定,在考虑各种情景模式的前提下,寻求最优的车辆配置方案使得总的期望疏散时间最小化。模型的假设具有较强的现实意义,可为涉及类似的应急决策问题时为决策者提供一定的借鉴作用。通过建立双层模型将车辆配置问题分解成两个子问题,上层模型给定可行的车辆配置方案,下层模型根据所给定的车辆配置方案就各种情景模式安排最优疏散出车任务以最小化疏散总时间,下层模型的目标函数值作为参数反馈至上层模型。模型的建立过程考虑了求解的因素,通过变形与约束条件增维降低了模型求解的难度,设计了一种结合 CPLEX 内置算法的模拟退火算法以求解该双层规划模型,最后以一个算例说明了模型与算法的有效性。

4.5 基于最小最大后悔准则的应急疏散车辆配置决策

4.5.1 问题描述

在许多自然灾害情况下需要将受威胁群众进行疏散,设某个避难所负责所在地区的 N 个疏散点的群众疏散任务,根据历史资料统计该地区共有 M 种情景模式需要对群众进行疏散,不同情景模式下各疏散点待疏散人员数量及最晚疏散完成时间限制有所不同,但是由于突发事件性质特殊,只知道情景模式下各个不确定因素的不同取值而无法根据有效的数据与科学的方法得到相应概率。该避难所需要从 H 种不同车型中选择配置一定数量的车辆以应对各种情景模式下的应急疏散任务,每一辆车根据其车型不同具有不同的平均速度、单位载人量以及配置所需单位成本,避难所用于配置应急疏散车辆的总可用资金具有一定的限制。在给定避难所的车辆配置方案的前提下,可以通过合理组织安排车辆的多车次疏散出车任务使得各种情景模式下所需疏散时间最短,为避免疏散时的组织混乱假设同一辆车只负责一个疏散点的应急疏散任务。

在满足现有的限制条件下,如何合理配置所需的车辆使得所配置的车辆方案对于每一种情景来说都具有较好的疏散效率?显然针对每一种具体的情景模式,都存在一个最优的车辆配置方案,由于车辆的配置方案需要考虑多种可能情景,因此为了避免最坏情景所造成的损失,对于决策者而言一种比较容易接受的决策准则就是最小化最大后悔值准则,也就是给定任一符合预算要求的车辆配置方案,比较每一种情景下该车辆配置方案与该情景下的最优配置方案之间的偏差,将所有情景中的最大偏差作为该车辆配置方案对应的函数值,然后寻找具有最小的最大偏差的车辆配置方案。本节针对避难所车辆配置计划问题进行研究,在考虑不同情景模式下所负责疏散点具有不同待疏散人员数量及疏散最晚完成时间限制的情况下,合理配置车辆并针对各种情景模式安排每一车辆的疏散出车任务以使车辆配置方案具有最小的最大后悔值。

建模之前根据问题背景作如下假设:

(1)各种情景模式下各疏散点待疏散人员数量及疏散最晚完成时间限制已知;

(2)各种情景模式出现的概率已知;

(3)避难所至各疏散点的距离已知;

(4)各种类型的运输工具属性已知(平均速度、单位载人量、配置所需单位成本);

(5)可用于配置车辆的资金限额已知。

4.5.2　参数和变量设置

参数设置:

N:各疏散点组成的集合;

H:现有车辆的车型组成的集合;

Ξ:所有情景模式组成的集合;

C:可用于车辆配置的资金限额;

ξ_i:第 i 种情景模式,$\xi_i \in \Xi$;

K_X:给定车辆配置方案 X 时运输车辆组成的集合;

$S_n^{\xi_i}$:情景模式 ξ_i 下疏散点 n 待疏散人员数,$n \in N$;

$T_n^{\xi_i}$:情景模式 ξ_i 下疏散点 n 最晚疏散时间限制,$n \in N$;

d_n:疏散点 n 至避难所的距离,$n \in N$;

$h_X(k) \in H$:给定车辆配置方案 X 时按序排列的第 k 辆车车型,$k \in K_X$;

$w(h)$:h 车型的运输车辆单位运载量(以人为单位),$h \in H$;

$v(h)$:h 车型的运输车辆平均速度,$h \in H$;

$c(h)$:h 车型的运输车辆配置所需单位成本,$h \in H$;

变量设置：

X_h：h 车型的车辆配置数量，$h \in \boldsymbol{H}$；

x_{kn}：第 k 辆车至疏散点 n 的出车次数。

说明：$h_X(k)$ 是给定车辆配置方案 X 时按序排列的第 k 辆车车型，例如 $\boldsymbol{X} = \{X_1, X_2, X_3\} = \{1, 3, 2\}$，则 $\boldsymbol{h}_X(k) = \{1, 2, 2, 2, 3, 3\}$，表示第 1 辆车车型为 $h = 1$，第 2、3、4 辆车车型为 $h = 2$，第 5、6 辆车车型为 $h = 3$。另外，给定车辆配置方案 $\boldsymbol{X} = \{X_1, X_2, \cdots, X_H\}$，则 $\boldsymbol{K}_X = \sum\limits_{h \in \boldsymbol{H}} \boldsymbol{X}_h$。

4.5.3　模型构建

将所研究的问题分解成一个双层规划模型，上层模型以可用配置资金为限制，以所有情景模式疏散总时间的期望值为目标函数；下层模型在给定情景模式及车辆配置方案前提下安排车辆的疏散出车任务，具体模型如下：

$$\min_{X \in \boldsymbol{D}_C} \max_{\xi_i \in \boldsymbol{\Xi}} \lfloor T(\xi_i, X) - T(\xi_i, X_{\xi_i}^*) \rfloor \tag{4-5-1}$$

其中，$\boldsymbol{D}_C = \left\{ \boldsymbol{X} \mid \sum\limits_{h \in \boldsymbol{H}} c(h) \cdot X(h) \leqslant C, X_h \geqslant 0 \text{ 且为整数} \right\}$，且 $X_{\xi_i}^*$ 为如下模型的最优解：

$$T(\xi_i, X) = \min \sum_{n \in \boldsymbol{N}} \sum_{k \in \boldsymbol{K}} \left(\frac{2d_n}{v(h_k)} x_{kn} \right) \tag{4-5-2}$$

$$\sum_{n \in \boldsymbol{N}} y_{kn} \leqslant 1, \forall k \in \boldsymbol{K} \tag{4-5-3}$$

$$\sum_{k \in \boldsymbol{K}} y_{kn} \geqslant 1, \forall n \in \boldsymbol{N} \tag{4-5-4}$$

(P_{ξ_i}) $\quad y_{kn} \leqslant x_{kn} \leqslant y_{kn} \cdot M, \forall k \in \boldsymbol{K}, \forall n \in \boldsymbol{N} \tag{4-5-5}$

$$\sum_{k \in \boldsymbol{K}} [w(h_k) \cdot x_{kn}] \geqslant S_n^{\xi_i}, \forall n \in \boldsymbol{N} \tag{4-5-6}$$

$$\frac{2d_n}{v(h_k)} \cdot x_{kn} \leqslant T_n, \forall k \in \boldsymbol{K}, \forall n \in \boldsymbol{N} \tag{4-5-7}$$

$$X \in \boldsymbol{D}_C \tag{4-5-8}$$

上述模型的各个约束条件含义与 4.4 节相同，与 4.4 节中下层模型 (P3) 的唯一区别在于，模型 (P_{ξ_i}) 将关于车辆配置的预算要求放进模型约束条件之中。

4.5.4　算法设计

在最小最大后悔值准则下的应急疏散车辆配置模型首先需要求出各种情景模式下的最优解，然后再针对每一种可行的车辆配置方案，给出它在各种情景下与该情景下最优解所对应目标函数值之间的偏差，即各种情景下的后悔值,然后以最大后悔值作为该车辆配置方案的评价值,寻找具有最小的最大后悔值所对应的车辆配置方案,因此算法可分成两部分,第一部分用于求解每种情景 ξ_i 下的最优车辆配置方案 $X_{\xi_i}^*$,该部分算法如下:

Step1: 确定可配置车辆的最大范围值,并以此作为现有车辆排序方案,即令 $VG_{up}(h) = \lceil C/c(h) \rceil$ 表示 h 车型可配置的最大数量,$h \in \boldsymbol{H}$,设车型数为 $\hat{h}$,则 $h_k = [\underbrace{1,\cdots,1}_{VG_{up}(1)},\underbrace{2,\cdots,2}_{VG_{up}(2)},\cdots,\underbrace{h,\cdots,h}_{VG_{up}(h)},\cdots,\underbrace{\hat{h},\cdots,\hat{h}}_{VG_{up}(\hat{h})}]$ 表示将最大可能的所有车型数按序排列。

Step2: 以 x_{kn},y_{kn} 为变量求解模型 (P_{ξ_i}),其中 $k = 1,\cdots,\sum\limits_{h \in \boldsymbol{H}}VG_{up}(h)$,设最优解为 x_{kn}^*,y_{kn}^*。

Step3: 按车型数 $VG_{up}(h)$ 统计 y_{kn}^* 中取值为 1 的个数即为 $X_{\xi_i}^*$。

在利用上述算法求出每种情景下的最优解之后,将 $T(\xi_i,X_{\xi_i}^*)$ 代入上述模型目标函数(4-5-1),再根据最小的最大后悔值的特点,同样利用模拟退火算法设计如下求解算法:

Step1: 设置初始值,设定初始温度 T_s,终止温度 T_{end},温度下降速率 r;任取某种情景模式下的最优解 $X_{\xi_i}^*$ 为初始可行解 X。

Step2: 根据 $\boldsymbol{X} = \{X_1,\cdots,X_H\}$,得 $K_X = \sum\limits_{h \in \boldsymbol{H}}X_h$ 以及 $h_X(k),k \in \boldsymbol{K}_X$ 代入下层模型 (P3),对于任意情景 ξ_i,利用 CPLEX12.4 内置算法求解得到该情景模式下的最优目标函数值 $T(\xi_i,X)$,计算该情景下的后悔值 $R(\xi_i,X) = T(\xi_i,X) - T(\xi_i,X_{\xi_i}^*)$,记最大后悔值为 $R(X) = \max\limits_{\xi_i \in \boldsymbol{\Xi}}R(\xi_i,X)$;记当前最小的最大后悔值为 $R_{best} = R(X)$,当前最优解为 $X_{best} = X$。

Step3: 根据当前解 X,生成其邻域解 X':先令 $X' := X$,令 $HX := H$,$HX_0 := \{h \in HX \mid X_h > 0\}$,任取 $h' \in HX_0$,令 $X'_{h'}$ 为 $[0,X_{h'}-1]$ 之间任意整数,任取 $h'' \in HX\backslash h'$,令 $X'_{h''} := \lfloor C_r/c_{h''} \rfloor$,这里 $C_r := C - \sum\limits_{h \in HX\backslash h''}c_h \cdot X_h$。

Step4: 对于情景集 $\boldsymbol{\Xi}$ 中的情景,依次计算解 X' 在具体情景 ξ_i 对应的下层模型目标函数值 $T(\xi_i,X)$,进而得到该情景下的后悔值 $R(\xi_i,X')$,若 $R(\xi_i,X') > R_{\max}$,令 $R(X') = R(\xi_i,X')$ 转 Step5,否则继续计算情景集中其余情景所对应的目标函数值,令 $R(X') = \max\limits_{\xi_i \in \boldsymbol{\Xi}}R(\xi_i,X')$,若 $R(X') < R_{best}$,则令 $R_{best} = R(X')$,$X_{best} = X'$ 转 Step5。

Step5：计算 $\Delta z = \exp\left(\dfrac{R(X') - R(X)}{T_s}\right)$，产生随机数 $\zeta \in U(0,1)$，若 $\Delta z > \zeta$，则令 $X := X'$，否则 $X := X$。

Step6：更新 $T_s := T_s \cdot r$，若 $T_s > T_{end}$ 则转 Step3，否则停止，输出最优目标函数值为 $bestEX$，最优车辆配置方案为 $bestX$。

说明：在 Step4 中，由于解 X' 已给定，要判断该解是否具有最小的最大后悔值，事实上不必将所有情景下该解所对应的后悔值完全计算出来，一旦确定该解在某种情景下的后悔值大于当前最优的后悔值，就表明该解不可能具有最小的最大后悔值，因此算法中并没有给出解 X' 的最大后悔值，而是以所有情景中第一次出现超过当前最小的最大后悔值的情景所对应的后悔值作为评价该解的标准，这样在计算的过程中可以节约大量计算各种情景后悔值的时间。

4.5.5 数值计算

例 4-5 设某避难所需要配置应急疏散车辆以应对各种情景模式下所负责的 $N = 8$ 个疏散点人员的疏散任务，各疏散点到避难所的距离为 $d_n = \{60, 48, 37, 55, 84, 18, 30, 45\}$（km）；已知现有车辆类型 $H = 4$ 种，各车型的单位载客量 $w(h)$（人/辆）、平均速度 $v(h)$（km/h）以及配置所需的费用 $c(h)$（万元/辆）见表 4-18。

表 4-18 各车型车辆属性

车型属性	车型			
	$h = 1$	$h = 2$	$h = 3$	$h = 4$
$w(h)$（人/辆）	7	10	25	60
$v(h)$（km/h）	70	65	55	40
$c(h)$（万元/辆）	15	20	35	50

假设避难所可供配置应急疏散车辆的资金限额为 700 万元；共需考虑 6 种情景模式 ξ_i，各种情景模式下的各疏散点待疏散人数 $S_n^{\xi_i}$ 及疏散最晚完成时间限制 $T_n^{\xi_i}$ 见表 4-19。

表 4-19　疏散点情景模式数据

(S_n^{ξ}, T_n^{ξ})	ξ_1	ξ_2	ξ_3	ξ_4	ξ_5	ξ_6
N_1	(40,160)	(60,220)	(80,190)	(96,320)	(60,180)	(58,190)
N_2	(86,200)	(96,240)	(112,250)	(108,240)	(90,340)	(98,240)
N_3	(90,250)	(90,180)	(90,240)	(86,300)	(76,210)	(128,210)
N_4	(120,240)	(132,200)	(116,340)	(80,180)	(110,250)	(90,220)
N_5	(36,360)	(40,300)	(36,240)	(44,200)	(50,200)	(100,190)
N_6	(144,180)	(136,210)	(100,260)	(130,320)	(120,250)	(88,230)
N_7	(80,240)	(78,190)	(100,200)	(70,260)	(58,210)	(108,280)
N_8	(90,190)	(80,230)	(67,190)	(120,300)	(135,240)	(78,230)

说明:表中括号内第一个数表示对应情景模式下某疏散点待疏散人数 S_n^{ξ}(人),第二个数表示对应情景模式下该疏散点最晚疏散完成时间限制 T_n^{ξ}(分钟)。

根据算法(4-5-1)式,首先计算出各种情景下的最优配置方案,具体见表 4-20。

表 4-20　各种情景下的最优配置方案

情景	ξ_1	ξ_2	ξ_3	ξ_4	ξ_5	ξ_6
$X_{\xi_i}^*$	[0,0,4,11]	[0,0,4,11]	[1,0,3,8]	[0,2,3,9]	[0,0,4,9]	[0,1,5,10]
疏散时间	1926.5	1927.9	2017.6	2078.2	1922.5	2342.6
配置成本	690	690	520	595	590	695

利用第 4.4 节中所提的模拟退火算法结合上述各种情景下的最优配置方案代入目标函数(4-5-1),计算得到如下最小化最大后悔值准则下的车辆配置方案为 $X^* = [0,1,5,10]$,在 6 种情景下与各情景最优解对应目标函数值之间的最大偏差为 38.0441;该方案在各种情景时与该情景下的最优配置方案之间的疏散时间偏差,即各种情景下的后悔值见表 4-21。

表 4-21　最优配置方案在各种情景下的后悔值

情景	ξ_1	ξ_2	ξ_3	ξ_4	ξ_5	ξ_6
疏散时间	1926.5	1965.9	2023.5	2084.2	1922.5	2342.6
后悔值	0.0455	38.0441	5.9315	6.0028	0	0

4.5.6　小　结

最小化最大后悔准则是以各种情景下的最优解为目标,给出一个可行解后,将其在各种情景下与相应情景的最优解之间的最大偏差作为衡量该可行解的一个标准,称为该可行解没有在相应情景下取最优解而产生的后悔值,然后在可行域内寻找使最大后悔值最小的可行解,最小化最大后悔准则与4.4节中考虑偏差项的风险决策有一个比较大的区别在于,最小化最大后悔准则只需要知道各种情景下不确定因素的取值而不需要知道各种情景相应的概率,而4.4节中的风险决策则需要知道各种情景发生时的概率。

5 | 基于不确定性的应急设施选址决策

5.1 引 言

近年来,各种事故灾害、公共卫生事件频繁发生,由此带来了大量的损失,所以在城镇规划建设中,经常需要考虑一些公共服务设施诸如消防中心、110报警中心、医院等来保证城市中某处发生突发事件时,工作人员能够在规定的时间期限内到达现场,对突发事件进行有效的控制。

在应急系统工程中,应急系统服务设施选址具有十分重要的地位和意义,如公安部、城建部在《城市消防站建设标准建标》规定:消防站的建设应纳入当地国民经济社会发展规划、城乡规划以及消防专项规划,由各级政府负责,并按规划组织实施。同时应急服务系统一经建立就将长时间运营,它对于应急服务效率会产生较大的影响,因此,为了降低应急服务系统运营成本、提高应急服务工作效率,在建立应急服务系统之前,就必须充分考虑应急服务设施的优化布局。

在传统的物流中心选址问题中,需求、供应、道路设施等情况都假设是确定的。然而在现实中,各种因素往往是不确定的。因此,近年来,不确定物流中心选址的问题引起了广泛的关注。由于交通堵塞、天气状况以及交通事故等客观因素,导致应急服务设施到需求点的时间不确定性,因此在应急服务设施选址过程中应该研究应急设施到需求点之间行程时间的不确定性。本章第一部分首先利用模糊规划的思想将区间型不确定救援时间转换成在某个给定时限内完成旅程相对应的风险进行处理,然后建立在有限制时间条件下的应急服务选址的最小风险和模型,以数值实例验证该模型的合理性与有效性。

另外,在应急设施选址模型中,存在两个基本假设值得思考:一是临界覆盖距离的假设,即如果需求点在临界覆盖距离内,则完全被覆盖,否则不被覆盖。事实上,这一假设过于严格,覆盖距离应该有一个变化的空间,不同距离的服务设施可提供不同质量的服务水平。二是应急服务设施对需求点一次覆盖的假设,这种假设不适用于设施被占用或失效的情景。而当发生突发事件(如自然灾害、事故灾难、公共卫生事件和社会完全事件)时,由于其破坏力大,应急服务系统内的设施有可能遭到破坏或被占用而失效。近年来世界各地已多次发生设施失效的情形,如 2001—2002 年美国邮政系统受炭疽病毒影响,导致部分设施长期失效;2003 年我国的 SARS,使医院成为重灾区,严重影响医疗系统的正常运行;2005 年美国卡特里娜飓风严重破坏了美国墨西哥湾岸区的产油炼油设施等。由于服务设施存在失效的可能,因此应该考虑应急服务设施服务能力受损情况下的选址决策问题,本章第二部分即在此假设前提下研究应急服务设施选址问题。

5.2　不确定出救时间的应急设施选址决策

5.2.1　问题描述

在以往的应急设施选址问题中,只考虑了在应急要求的时间(或是距离等)限制范围内覆盖应急点。当被覆盖的应急点发生突发事件后,就由相应的应急服务设施在规定的时间内到达应急点进行应急服务。但在实际问题中,通常会涉及一个重要的不确定因素,即应急服务设施到应急点的出救时间由于天气、交通路况、自然环境等诸多因素影响呈现不确定性。这就造成在应急要求的时限内从应急服务设施到达应急点具有一定的风险性,显然在考虑应急服务设施布局之时就应该充分考虑到达应急点时间的风险性。另外,在实际问题中常常很难规定一个确定的应急限制时间,从应急点的角度而言,由于其周围的自然环境、经济状况、人口密度等不同,对于应急服务到达的风险控制水平会有所不同。鉴于此,本节在规定服务设施数目的情况下,研究在满足各应急点风险控制条件下使应急服务设施到达应急点的总风险最小的应急设施选址决策方案。

假设条件:

(1)候选应急设施点和应急点都是已知的,并且是离散的;

(2)候选设施点到应急点的时间为设施点到应急点中心的时间;

(3)每个应急点的权重(可以为该应急点的人口数、呼叫次数等)已知;

(4)应急服务设施到达应急点的时间风险表达函数已知;

(5)每个应急点的对应急服务到达时间的风险控制水平已知;

(6)需要建立的应急服务设施的总数量已知;

(7)候选应急设施点到应急点的时间为不确定数据,可用区间型数据表示。

5.2.2 符号说明

参数设置

$E = \{E_1, E_2, \cdots, E_m\}$:应急点集合;

$S = \{S_1, S_2, \cdots, S_n\}$:候选应急服务设施点集合;

p:应急服务设施的总数量,$p \leqslant n$;

$\alpha_i \in [0,1]$:应急点 E_i 的风险控制水平,其值越大表示该应急点允许的时间风险越大;

β_i:应急点 E_i 的权重(可以是应急点的人数、服务呼叫次数等);

T:应急服务设施到达应急点的时间限制;

$t_{ij} \in [L_{ij}, U_{ij}]$:候选应急服务设施点 S_j 到应急点 E_i 的时间,用区间型数据表示;

变量设置

$y_{ij} \in \{0,1\}$:若应急点 E_i 由设施点 S_j 服务,则取值为1,否则取值为0;

$x_j \in \{0,1\}$:若候选点 S_j 被选中设置应急服务设施则取值为1,否则取值为0;

关于应急服务设施 S_i 到达应急点 E_j 的时间风险函数可以表示为:

$$F_{ij}(T) = \begin{cases} 1, & T < L_{ij} \\ \dfrac{U_{ij} - T}{U_{ij} - L_{ij}}, & L_{ij} \leqslant T \leqslant U_{ij} \\ 0, & T > U_{ij} \end{cases} \quad (5\text{-}2\text{-}1)$$

该函数中由于应急服务设施 S_i 到达应急点 E_j 的时间为一不确定值,该时间值处于区间 $[L_{ij}, U_{ij}]$ 之间,因此如果应急服务设施到达应急点的时间限制为 T,则当 $T < L_{ij}$ 时即意味着不可能在 T 时间内由应急服务设施 S_i 到达应急点 E_j,从而风险值规定为1,而当 $T > U_{ij}$ 时则意味着不管应急服务设施 S_i 到达应急点 E_j 的时间如何取值都会在 T 时间内到达,因此风险值定为0,而当 $L_{ij} \leqslant T \leqslant U_{ij}$ 时,则采用线性函数的形式表示相应的风险值。

5.2.3 模型构建

$$\min Z = \sum_{E_i \in E} \beta_i \cdot \sum_{S_j \in S} y_{ij} F_{ij}(T) \quad (5\text{-}2\text{-}2)$$

$$\sum_{S_j \in \mathbf{S}} x_j = p \tag{5-2-3}$$

$$\sum_{S_j \in \mathbf{S}} y_{ij} = 1, i = 1, 2, \cdots, m \tag{5-2-4}$$

$$\sum_{S_j \in \mathbf{S}} y_{ij} F_{ij}(T) \leqslant \alpha_i, i = 1, 2, \cdots, m \tag{5-2-5}$$

$$y_{ij} \leqslant x_j, i = 1, 2, \cdots, m, j = 1, 2, \cdots, n \tag{5-2-6}$$

$$x_j, y_{ij} \in \{0, 1\}, i = 1, 2, \cdots, m, j = 1, 2, \cdots, n \tag{5-2-7}$$

模型中式(5-2-2)为目标函数,旨在最小化应急点关于应急服务设施到达应急点的总时间风险;式(5-2-3)保证所设立的应急服务设施总数等于预定的设施总数 p;式(5-2-4)表示每个应急点都只由 1 个应急服务设施负责服务;式(5-2-5)表示每个应急点对于应急服务设施到达该应急点时间的风险控制水平要求;式(5-2-6)表示只有候选应急服务设施点被选中才能作为应急服务设施服务应急点;式(5-2-7)表示 0—1 变量约束。

对于上述模型,下面给出该模型是否存在可行解的一个判断定理:

定理 5-1 对每一个候选应急服务设施点 $S_j \in \mathbf{S}$,令 $D_j = \{E_i \in \mathbf{E} \mid F_{ij}(T) \leqslant \alpha_i\}$ 为该候选应急服务设施点在允许风险控制水平内能够到达的应急点集,若存在不多于 p 个 D_j 使得 $\bigcup_{\text{不多于}p\text{个}} D_j = E$,则该模型存在可行解,否则无可行解。

证明: 显然,若存在不多于 p 个 D_j 使得 $\bigcup_{\text{不多于}p\text{个}} D_j = E$,则必然可以找到存在 p 个 D_j,使得 $\bigcup_{p\text{个}} D_j = E$,直接选取这对应的 p 个候选点作为应急服务设施点,再将每个 $E_i \in \mathbf{E}$ 划分到某个可为其提供服务的应急服务设施点,则该方案即为可行选址方案。

反之,若对任意不多于 p 个 D_j,都有 $\bigcup_{\text{不多于}p\text{个}} D_j \neq E$,则至少存在 1 个 $E'_i \in \mathbf{E}$,使得 $E'_i \notin \bigcup_{\text{不多于}p\text{个}} D_j$,因此无论如何选取 p 个候选点作为应急服务设施点,都不可能服务 E'_i 这一应急点,故此时模型无可行解。

按照上述定理,模型如果不符合一定条件时是不存在可行解的,但是通过增加设施数量 p 的值或者放宽时间限制 T 可以使得相应的可行性得到改变,显然,这些工作都可以在给出初始选址参数时解决,因此在后文中我们都假设模型存在可行解,即满足定理 5-1 的条件。

5.2.4 求解算法

假设模型中所有应急点对于时间风险的控制水平参数 $\alpha_i = 0$,这里的应急点必须被完全覆盖,即所有应急点都必须在时间限制 T 内被应急服务设施点覆盖,此时问题的实质就是一个最大覆盖问题,因此本模型也跟最大覆

盖问题一样是一个 NP 难问题。

对于 NP 难问题,传统的最优化方法可以对较小规模问题得到精确解,但随着问题规模的增加,求解时间随着问题规模呈指数增长,所以一般都采用智能优化方法设计相应的求解算法,本节中给出基于模拟退火思想的求解算法:

Step1: 设置初始值,设定初始温度 T_s,终止温度 T_{end},温度下降速率 r;对于每一个应急点 E_i($i=1,2,\cdots,m$)及每一个候选应急服务设施点 S_j($j=1,2,\cdots,n$),通过应急服务时限 T 利用时间风险函数(5-2-1)计算时间风险,然后再与每个应急点的时间风险容忍度系数 α_i 相比较,得到初始覆盖矩阵 $C_{m\times n}=(c_{ij})$。如果 $F_{ij}(T)\leqslant a_i$,则 $C_{ij}=1$,否则 $C_{ij}=0$。

Step2: 任取 p 个候选应急服务设施点设为 $j=j_1,j_2,\cdots,j_p$,判断其逻辑或运算是否包含所有的应急点,即 $\bigvee\limits_{j=j_1,\cdots,j_p}\{c_{ij}\}$ 是否全为 1,若是则转 Step3,否则返回 Step2 重新选取;令 $f_{best}=+\infty$。

Step3: 令该 p 个候选应急服务设施点为初始应急服务设施点,即 $x_{j_1}^0=1,x_{j_2}^0=1,\cdots,x_{j_p}^0=1$,对于每一个应急点 i,任取满足 $\{j\mid c_{ij}=1,j=j_1,j_2,\cdots,j_p\}$ 中的某个 j,令相应的 $y_{ij}^0=1$,则得到一组初始可行解 (x_j^0,y_{ij}^0);计算当前解所对应的目标函数值设其为 f^0;若 $f_{best}>f^0$,则令 $f_{best}:=f^0$,$X_{best}=(x_j^0,y_{ij}^0)$。

Step4: 对于当前解 (x_j^0,y_{ij}^0),任取其中某个已选中的应急设施点,不妨设为 $\hat{j}$,检查未被选中的候选点,若其中存在某个 j' 使得 $\bigvee\limits_{\substack{j=j_1,\cdots,j_p\\j\neq\hat{j}}}\{c_{ij}\}\vee\{c_{ij'}\}$ 全为 1,则用该候选点替代 $\hat{j}$,否则保持应急设施点不变转 Step5。

Step5: 对于给定的应急设施点集合,检查每一个应急点所对应的应急服务设施,若存在某个应急点可以由多个应急设施服务,则随机更改所对应的应急服务设施,否则保持应急服务设施与应急点之间的对应关系,记所得新解为 (x_j^1,y_{ij}^1),计算对应的目标函数值记为 f^1。

Step6: 计算 $\Delta z=\exp\left(\dfrac{f^1-f^0}{T_s}\right)$,产生随机数 $\zeta\in U(0,1)$,若 $\Delta z>\zeta$,则令 $(x_j^0,y_{ij}^0):=(x_j^1,y_{ij}^1)$,否则不变。

Step7: 更新 $T_s:=T_s\cdot r$,若 $T_s>T_{end}$ 则转 Step4,否则停止,输出最优目标函数值为 f_{best},最优选址方案为 X_{best}。

说明:在算法 Step2 中的逻辑和运算是为了找到判断所选择的候选应急设施点是否能够覆盖所有的应急点,而在 Step4 中若要改变应急设施选址点,则在保持设施总数不变情况下,必须要求新增的设施点与未改变的应急设施点能覆盖所有应急点。

5.2.5 数值例子

例 5-1 某地区有 12 个街区,当地政府计划在 7 个候选设施地址(A, B,…,G)中选择 p 个应急服务设施进行应急服务,假定每个街区的需求都集中在每个街区中心,每个街区的人口数为地区的权重。候选设施到街区中心的行车时间为不确定数值,其上下界数值及各街区对于应急服务到达时间的风险控制水平参数见表 5-1。

表 5-1 候选设施到各街区中心行车时间及人口与风险控制水平

$[L_{ij}, U_{ij}]$		候选设施						β_i	α_i
		1(A)	2(B)	3(C)	4(D)	5(E)	6(F)	7(G)		
应急地点	1	[7,8]	[13,22]	[16,23]	[12,22]	[7,13]	[3,8]	[10,19]	9.3	0.4
	2	[4,7]	[11,16]	[14,24]	[10,16]	[5,14]	[3,11]	[8,14]	13.3	0.3
	3	[7,10]	[11,18]	[14,15]	[11,18]	[5,12]	[1,9]	[6,15]	12.4	0.3
	4	[9,19]	[10,18]	[13,19]	[12,22]	[8,14]	[4,5]	[4,6]	8.4	0.4
	5	[1,10]	[8,13]	[12,21]	[7,10]	[4,10]	[6,13]	[9,10]	3.6	0.5
	6	[3,10]	[6,10]	[10,11]	[5,10]	[5,7]	[8,10]	[10,13]	3.1	0.5
	7	[5,7]	[4,6]	[10,11]	[8,15]	[1,4]	[4,10]	[4,11]	8.7	0.5
	8	[8,13]	[6,12]	[8,13]	[4,6]	[7,12]	[10,19]	[12,21]	3.3	0.5
	9	[8,11]	[2,5]	[5,11]	[3,10]	[3,8]	[8,11]	[5,15]	12.1	0.3
	10	[10,11]	[8,10]	[6,8]	[7,9]	[10,17]	[13,19]	[14,15]	9.6	0.4
	11	[12,22]	[4,12]	[2,10]	[7,8]	[10,19]	[12,22]	[8,18]	11	0.3
	12	[13,22]	[5,13]	[5,11]	[10,12]	[12,16]	[11,13]	[3,4]	7.9	0.5

利用 Matlab 编程结合 CPLEX 12.5 对于不同的应急服务时限 T 和设施总数 p 的不同组合求解上述算例可得结果如表 5-2 所示,这里为方便起见应急服务时限 T 也取整数值。

表 5-2 不同服务时限和设施总数组合下的最小总风险

目标函数值	设施总数 p						
	1	2	3	4	5	6	7
$T \leqslant 9$	无解	无解	无解	无解	无解	无解	无解
$T = 10$	无解	无解	15.8992	10.1092	8.2767	8.1638	8.1638
$T = 11$	无解	无解	8.4883	4.0819	4.0819	4.0819	4.0819
$T = 12$	无解	无解	2.3175	0	0	0	0
$T = 13$	无解	5.8272	0	0	0	0	0
$T = 14$	无解	1.7533	0	0	0	0	0
$T = 15$	无解	0.6889	0	0	0	0	0
$T = 16$	无解	0	0	0	0	0	0
$T = 17$	3.9500	0	0	0	0	0	0
$T = 18$	2.7500	0	0	0	0	0	0
$T = 19$	1.3750	0	0	0	0	0	0
$T \geqslant 20$	0	0	0	0	0	0	0

为了直观地体现应急服务时限与拟建应急服务设施总数对选址方案的影响,下面将无解时的目标函数值设为 20,然后给出了 $T = 10, 11, 12, 13$ 情况下的模型总风险与设施总数 p 之间的关系图,如图 5-1 所示。

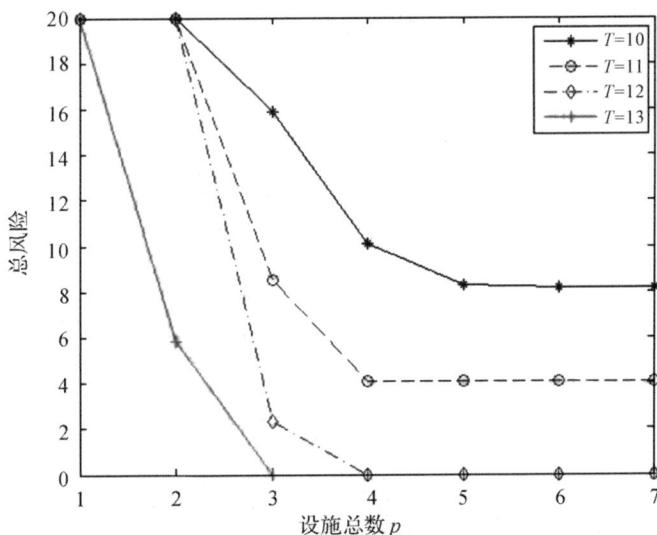

图 5-1 不同服务时限下总风险与设施总数关系

从图 5-1 中可以看出，对于给定的服务时限要求，应急服务设施选址方案的总风险随着设施总数 p 的增加而减小；同时，对于给定的设施总数，总风险随着服务时限的增加而减小。服务时限 T 的增大可以使得任意应急设施候选点到应急点之间的风险降低，显然只要服务时限 T 足够大就可以使得任意应急设施候选点到应急点之间的风险都为 0；另一方面，在服务时限给定的情况下，当允许建立的应急服务设施总数 p 增加时，可以使得选址方案所对应的总风险下降，但是从图中也可以看出，并不是应急设施总数越多就越好，一般情况下对于给定的服务时限 T，存在一个阈值 p^*，当允许建立的应急服务设施的总数 $p \geqslant p^*$ 时，总风险将不再下降。

下面我们以应急服务时限 $T = 10$，应急服务设施总数 $p = 4$ 为例详细给出此时应急设施选址方案以及应急服务设施与应急点之间的服务关系，如表 5-3 所示。

表 5-3　应急选址方案

	应急点											
	1	2	3	4	5	6	7	8	9	10	11	12
设施	6 (F)	1 (A)	6 (F)	6 (F)	1 (A)	4 (D)	6 (F)	4 (D)	4 (D)	4 (D)	2 (B)	2 (B)
风险	0.2222	0	0.1	0	0	0	0	0	0	0.4	0	0.375
α_i	0.4	0.3	0.3	0.4	0.5	0.5	0.5	0.5	0.3	0.4	0.3	0.5

该应急服务设施选址方案为选择 A, B, D, F 四个候选点建立应急服务设施，最优选址方案对应的加权总风险为 10.1092。针对这一应急选址方案，我们进一步分析一下各应急点对应急服务到达时间的风险容忍度系数 α_i 与应急选址方案之间的影响关系，首先给出此时各个候选应急服务设施点到各应急点的时间风险，如表 5-4 所示。

表 5-4　各候选设施点到应急点的时间风险

时间风险		候选设施点						
		1 (A)	2 (B)	3 (C)	4 (D)	5 (E)	6 (F)	7 (G)
应急点	1	0.7	1	1	1	0.7	0.222222	1
	2	0	1	1	1	0.444444	0.3	0.75
	3	0.25	1	1	1	0.166667	0.1	0
	4	0.8	1	1	1	0.5	0	0.142857
	5	0	0.5	1	0.625	0	0.6	0.833333
	6	0	0.555556	1	0	0.375	0.777778	1

时间风险		候选设施点						
		1（A）	2（B）	3（C）	4（D）	5（E）	6（F）	7（G）
应急点	7	0.375	0	1	0.714286	0	0	0
	8	0.5	0	0.75	0	0.571429	1	1
	9	0.666667	0.111111	0.444444	0	0	0.8	0.444444
	10	1	0.777778	0.5	0.4	1	1	1
	11	1	0	0.111111	0.571429	1	1	0.714286
	12	1	0.375	0.285714	1	1	1	0.3

在假设其他条件不变的情况下,研究某个应急点对于时间风险的容忍度变化与应急选址方案之间的关系,下面以第 12 个应急点为例研究风险容忍度系数对应急选址方案的影响,令 α_{12} 以 0.1 的步长从 0 增加到 1,通过计算得到如下不同的应急选址方案,如表 5-5 所示。

表 5-5　风险容忍度系数对应急选址方案的影响

α_{12}	应急点											
	1	2	3	4	5	6	7	8	9	10	11	12
≤0.2	无解											
0.3	6（F）	1（A）	6（F）	6（F）	1（A）	4（D）	6（F）	4（D）	4（D）	4（D）	3（C）	3（C）
≥0.4	6（F）	1（A）	6（F）	6（F）	1（A）	4（D）	6（F）	4（D）	4（D）	4（D）	2（B）	2（B）

当 $\alpha_{12} \leqslant 0.2$ 时,即应急点 12 对于应急服务到达时间的容忍度小于等于 0.2,各个候选设施点到第 12 个应急点的时间风险最小为 3（C）点,其时间风险为 0.285714,因此不存在满足所有应急点要求的选址方案;而当其容忍度系数为 0.3 时,应急点 11 和 12 都由应急设施点 3（C）提供服务,而进一步当其容忍度系数大于等于 0.4 之后,这两个应急点都由 2（B）提供服务。因此可以看出,对于单一的应急点而言,若其对于应急服务的时间风险容忍度较大,则应急选址方案的总风险相对较小;若其时间风险容忍度较小,则应急选址方案的总风险相对较大,甚至可能造成无解。

5.2.6　小　结

应急设施的合理选址对于提供及时高效的应急服务具有至关重要的作用,而通常的应急设施选址问题都假设从候选应急设施点到应急点的距离或时间是不变的,然而这一假设并不符合现实情况,因此需要考虑应急服务到达时间的不确定性。本节利用时间风险刻画应急服务到达时间的不确定性,在各应急点对应急服务到达时间风险具有不同容忍度前提下建立总风险最小的选址定位模型。设计了求解模型的智能算法,利用数值例子分析了应急服务时限、设施总数以及应急点的风险容忍度等因素对于应急设施选址方案的影响。

5.3　基于不确定失效情景的应急设施覆盖选址决策

5.3.1　问题描述

突发事件造成的损失与事件持续时间成正相关关系,应急服务到达时间越早则应急救援的效果越好,即应急服务设施距离需求点越近,应急服务越及时则突发事件造成的损失越小。而传统的应急服务设施选址问题中对于应急设施覆盖距离的要求过于严格,无法体现出不同距离对于应急服务的水平差异。因此,本节借鉴其他研究引入最小临界距离 D_L 和最大临界距离 $D_U(D_L < D_U)$ 的概念。假设需求点在最小临界距离内则认为完全覆盖,设施提供高质量覆盖服务;需求点在最大临界距离内是基本覆盖,提供一般质量服务;需求点到服务设施的距离超过最大临界距离则认为不覆盖。

将不同覆盖距离转化为不同覆盖服务质量水平来度量应急服务设施对需求点的覆盖状况,与实际情况比较相符,对于每一个需求点,所有应急服务设施对其提供不同覆盖水平的服务。设需求点 i 关于应急服务设施点 j 的覆盖水平函数为 F_{ij},该函数可能是线性的也可能是非线性的。比较常见的覆盖水平函数可以用如下线性形式表示:

$$F_{ij} = \begin{cases} 1, & D_{ij} \leqslant D_L \\ \dfrac{D_U - D_{ij}}{D_U - D_L}, & D_L < D_{ij} < D_U \\ 0, & D_{ij} \geqslant D_U \end{cases} \qquad (5\text{-}3\text{-}1)$$

其中 D_{ij} 为需求点 i 与应急服务设施点 j 之间的距离。不同等级的覆盖水平示意图见图 5-2。

需求点对于应急服务的衡量有两方面的要求:一是服务质量,可用 F_{ij} 来表示其水平;二是服务数量要满足要求。假定每个需求点在满足服务数量的前提下对应急服务的质量水平有最低水平要求,而突发事件还可能造成应急设施的服务能力受损,再结合突发事件的不确定性,用情景集来表示所有对应急服务设施及需求点造成影响的可能情景,以此考虑应急服务设施选址决策问题。

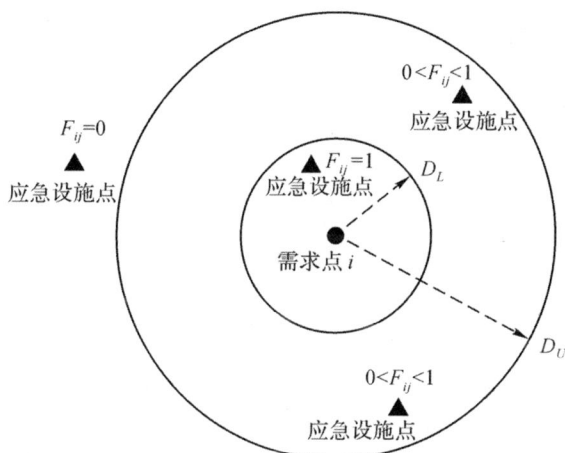

图 5-2　不同等级覆盖水平

5.3.2　模型构建

参数与变量设置

I：应急需求点集合，$i \in I$；

J：应急服务设施候选点集合，$j \in J$；

p：限定的应急服务设施数量；

M_i：需求点 i 的人口数量，$i \in I$；

α_i：需求点 i 对于应急服务质量的最低要求，$i \in I$；

C_j：应急服务设施候选点 j 所能提供的服务能力，$j \in J$；

D_{ij}：需求点 i 到应急服务设施候选点 j 的距离；

S：所有情景组成的情景集合，$s \in S$；

λ_s：第 s 种情景所对应的概率，$s \in S$；

p_{sj}：在第 s 种情景下，应急服务设施 j 遭受破坏后服务能力下降系数，$0 \leqslant p_{sj} \leqslant 1$；

e_{si}：在第 s 种情景下，应急需求点 i 受影响的系数，$0 \leqslant e_{si} \leqslant 1$；

如果可选中建设应急设施，则 $x_j = 1$，否则 $x_j = 0$；

x_{sij}：在第 s 种情景下，应急设施点 j 分配给需求点 i 的服务能力比例系数，$0 \leqslant x_{sij} \leqslant 1$；

模型构建

$$\max \sum_{s \in S} \lambda_s \left(\sum_{i \in I} \sum_{j \in E_i} F_{ij} C_j x_{sj} \right) \tag{5-3-2}$$

$$\text{s. t.} \qquad \sum_{j \in J} x_j = p \tag{5-3-3}$$

$$\sum_{j \in J} C_j p_{sj} x_{sj} \geqslant M_i e_{si}, s \in S, i \in I \tag{5-3-4}$$

$$\sum_{i \in I} x_{sij} \leqslant 1, s \in S, j \in J \tag{5-3-5}$$

$$x_{sij} \leqslant x_j, s \in S, i \in I, j \in J \tag{5-3-6}$$

$$x_{sij} \geqslant 0, x_j \in \{0,1\}, j \in J \tag{5-3-7}$$

其中 $E_i = \{j \mid F_{ij} \geqslant \alpha_i, j \in J\}, i \in I$。

模型说明:目标函数(5-3-2)是关于每个应急需求点在各种情景下的服务质量与数量综合指标的期望值;约束条件(5-3-3)表示所建立的应急设施数量为给定的数值 p;约束条件(5-3-4)表示每个需求点在各种情景下的应急需求量都应该被满足;约束条件(5-3-5)表示每个应急设施点服务能力比例分配系数总和不超过 1;约束条件(5-3-6)表示每个候选应急设施点关于应急设施服务能力比例系数的分配要取决于该点是否选中作为应急设施点;约束条件(5-3-7)表示应急服务能力的比例分配系数为非负,而 x_j 为 0—1 变量。

5.3.3　算法设计

前面所建立的模型是一个混合整数规划模型,其中 x_j 为 0—1 变量,用于确定应急服务设施选址点位置,一旦选址点位置确定后,则通过确定各应急服务设施在各种情景下对于需求点的服务比例系数 x_{sij} 以最大化服务质量与数量综合指标的期望值,也就是说如果选址点确定之后问题就转变成一个运输问题,由于运输问题具有很好的求解算法,因此我们设计一个结合运输问题线性规划算法的模拟退火算法以求解本模型。下面首先给出一个定理以缩小可行域的范围。

定理 5-2　设 $\widetilde{D}$ 为满足 $\sum_{j \in J} x_j = p$ 且 $x_j = 1$ 的所有 j 组成的集合,若存在 $\hat{s} \in S, \hat{i} \in I$ 使得:

$$\sum_{j \in \widetilde{D}} C_j p_{sj} < M_i e_{\hat{s}\hat{i}} \tag{5-3-8}$$

或者

$$\{j \in \widetilde{D} \mid F_{ij} \geqslant \alpha_i\} = \varnothing \tag{5-3-9}$$

则 $\widetilde{D}$ 不属于前述模型的可行域。

证明:由约束条件(5-3-4)和(5-3-5)可知对于任意的 $s \in S, i \in I$,有 $\sum_{j \in J} C_j p_{sj} \geqslant \sum_{j \in J} C_j p_{sj} x_{sj} \geqslant M_i e_{si}$,显然这与(5-3-8)是矛盾的,因此满足

(5-3-8)的 p 个候选点集不属于模型的可行域；同样，根据 E_i 的定义可知 (5-3-9)中的集合表示应急需求点 $\hat{i}$ 在最低应急服务质量要求下的可选设施点集，若该集合为空集，则表示对于需求点 $\hat{i}$ 而言，不存在满足要求的应急设施点，故该种情况也表明 $\tilde{D}$ 不属于模型的可行域。

Step1：设置初始值，设定初始温度为 T_s，终止温度为 T_{end}，温度下降速率为 r；对于每一个应急需求点 $i(i \in I)$ 及每一个候选应急服务设施点 j（$j \in J$），通过应急覆盖服务质量函数(5-3-1)计算 F_{ij}。

Step2：任取 p 个候选应急服务设施点设为 $j = j_1, j_2, \cdots, j_p$，根据定理 5-2判断它是否不属于可行域，若不属于可行域则返回 Step2 重新选取；令 $f_{best} = +\infty$。

Step3：令该 p 个候选应急服务设施点为初始应急服务设施点，即 $x_{j_1}^0 = 1, x_{j_2}^0 = 1, \cdots, x_{j_p}^0 = 1$，对于给定的 x_j^0，利用运输问题线性规划算法求解 x_{sij}^0，并将所得目标函数值作为 x_j^0 的适应值，记为 f^0。

Step4：对于当前解 x_j^0，任取其中某个已选中的应急设施点，不妨设为 $\hat{j}$，检查未被选中的候选点，若其中存在某个 j' 满足替代 $\hat{j}$ 后仍为可行解，则用 j' 替代 $\hat{j}$，否则保持应急设施点不变转 Step5。

Step5：对于给定的应急设施点集合，检查每一个应急点所对应的应急服务设施，若存在某个应急点可以由多个应急设施服务，则随机更改所对应的应急服务设施，否则保持应急服务设施与应急点之间的对应关系，记所得新解为 x_j^1，利用运输问题线性规划算法求解 x_{sij}^1，计算对应的目标函数值记为 f^1。

Step6：计算 $\Delta z = \exp\left(\dfrac{f^1 - f^0}{T_s}\right)$，产生随机数 $\zeta \in U(0,1)$，若 $\Delta z > \zeta$，则令 $x_j^0 := x_j^1$，否则不变。

Step7：更新 $T_s := T_s \cdot r$，若 $T_s > T_{end}$ 则转 Step4，否则停止，并输出最优目标函数值为 f_{best}，最优选址方案为 X_{best}。

5.3.4　数值计算

例 5-2　某地区有 10 个社区 $(1,2,\cdots,10)$，当地政府计划在 7 个候选设施地址 $(A, B, \cdots, G)$ 中选择 p 5 个应急服务设施点，规定该地区的最小临界覆盖距离为 $D_L = 5\text{km}$，最大临界覆盖距离为 $D_U = 9\text{km}$。假定每个街区的需求都集中在社区中心，7 个候选设施到 10 个社区中心的行车距离 D_{ij}（km）如表 5-6所示。

表 5-6   候选设施到各社区的行车距离

D_{ij}	社区 1	社区 2	社区 3	社区 4	社区 5	社区 6	社区 7	社区 8	社区 9	社区 10
候选设施 A	5.1	2.1	8.4	15.1	3.3	11.9	9.9	5.8	4.3	13.7
候选设施 B	9.2	5.8	4.4	6.0	12.2	4.7	12.6	11.9	8.9	17.0
候选设施 C	6.9	6.8	6.2	12.3	9.0	13.7	13.5	6.4	15.4	6.9
候选设施 D	8.3	11.1	7.0	5.6	11.3	14.2	5.8	13.8	14.0	8.2
候选设施 E	16.5	14.9	8.2	4.8	5.6	6.1	4.8	13.6	4.6	11.1
候选设施 F	6.0	6.7	15.1	5.5	5.0	7.2	10.6	6.3	9.5	5.6
候选设施 G	12.0	7.8	4.9	6.1	10.7	6.7	5.6	5.6	5.2	9.0

现有情景为 8 种,每种情景模式所对应的概率为 $\lambda_s = \{0.2, 0.12, 0.08, 0.1, 0.25, 0.1, 0.08, 0.07\}$,各种情景模式下候选应急设施点服务能力下降系数 p_{sj} 见表 5-7。

表 5-7   各种情景下候选设施服务能力下降系数和服务能力

p_{sj}/C_j	候选设施 A	候选设施 B	候选设施 C	候选设施 D	候选设施 E	候选设施 F	候选设施 G
情景 1	0.65	0.6	0.65	0.95	0.75	1.0	0.9
情景 2	1.0	1.0	0.95	0.8	0.55	1.0	0.7
情景 3	0.6	0.55	0.75	0.8	0.65	0.75	0.65
情景 4	0.95	0.9	1.0	0.6	0.6	0.75	0.75
情景 5	0.8	0.95	0.6	0.95	0.6	0.7	0.55
情景 6	1.0	0.95	0.65	0.85	0.65	1.0	0.6
情景 7	0.55	0.55	0.6	0.7	0.75	0.7	1.0
情景 8	0.75	0.7	0.6	0.8	0.55	0.6	1.0
服务能力	150.0	200.0	130.0	170.0	160.0	120.0	190.0

各社区的人口数量 M_i 以及每种情景对于社区的影响系数 e_{si} 如表 5-8 所示。

表 5-8   各种情景对社区的影响系数及社区人口数量

e_{si}/M_i	社区 1	社区 2	社区 3	社区 4	社区 5	社区 6	社区 7	社区 8	社区 9	社区 10
情景 1	0.1	0.6	0.2	0.7	0.3	0.7	0.4	0.4	0.2	0.7
情景 2	0.4	0.4	0.3	1.0	0.3	0.4	0.8	0.7	0.3	0.7
情景 3	0.6	0.2	0.5	0.3	0.7	1.0	0.5	0.2	0.1	0.7
情景 4	0.7	0.7	0.6	0.7	0.9	0.1	0.1	0.8	0.6	1.0

e_{si}/M_i	社区 1	社区 2	社区 3	社区 4	社区 5	社区 6	社区 7	社区 8	社区 9	社区 10
情景 5	0.5	0.8	0.5	0.3	0.4	0.5	0.2	0.3	0.7	0.3
情景 6	0.9	0.5	0.9	0.7	0.8	0.5	0.8	1.0	0.6	0.8
情景 7	0.8	0.1	0.6	0.7	0.7	0.5	0.5	0.3	0.5	0.3
情景 8	1.0	0.3	1.0	0.1	0.1	0.8	0.2	0.8	0.7	0.2
人口数量	75.0	43.0	87.0	98.0	66.0	54.0	39.0	76.0	62.0	61.0

根据式(5-3-1)可以计算候选设施点到各个社区的服务质量水平 F_{ij} 如表 5-9 所示。

表 5-9　各候选设施到社区的服务质量表

F_{ij}	社区 1	社区 2	社区 3	社区 4	社区 5	社区 6	社区 7	社区 8	社区 9	社区 10
候选设施 A	0.975	1.0	0.15	0.0	1.0	0.0	0.0	0.8	1.0	0.0
候选设施 B	0.0	0.8	1.0	0.75	0.0	1.0	0.0	0.0	0.025	0.0
候选设施 C	0.525	0.55	0.7	0.0	0.0	0.0	0.0	0.65	0.0	0.525
候选设施 D	0.175	0.0	0.5	0.85	0.0	0.0	0.8	0.0	0.0	0.2
候选设施 E	0.0	0.0	0.2	1.0	0.85	0.725	1.0	0.0	1.0	0.0
候选设施 F	0.75	0.575	0.0	0.875	1.0	0.45	0.0	0.675	0.0	0.85
候选设施 G	0.0	0.3	1.0	0.725	0.0	0.575	0.85	0.85	0.95	0.0

对于不同的设施总数 p，设每个需求点 i 对于服务质量的最低要求 α_i 相同都为 α，令 α 从 0 以 0.05 为步长增加到 1，根据本节所设计的算法利用 Matlab 编程计算得到问题最优解情况见表 5-10 所示。其中当设施总数 $p \leqslant 3$ 时，不论 α 为何值，模型都无可行解。

表 5-10　最优解与最低服务质量要求系数关系表

$p = 4$	$\alpha = 0$	$0 < \alpha \leqslant 0.15$	$0.2 \leqslant \alpha \leqslant 0.7$	$\alpha = 0.75$	$\alpha \geqslant 0.8$
选址方案	A,B,E,G	A,B,D,G	A,B,F,G	A,B,F,G	无解
目标函数	649.6283	640.6959	631.2382	630.7944	
$p = 5$	$\alpha \leqslant 0.2$	$0.25 \leqslant \alpha \leqslant 0.8$	$\alpha = 0.85$	$\alpha \geqslant 0.8$	
选址方案	A,B,D,E,G	A,B,E,F,G	A,B,E,F,G	无解	
目标函数	806.2858	804.0151	803.6544		
$p = 6$	$\alpha \leqslant 0.85$	$\alpha \geqslant 0.9$			

续　表

选址方案	A,B,D,E,F,G				
目标函数	949.2981	无解			
$p=7$	$\alpha \leqslant 0.6$	$\alpha = 0.65$	$0.7 \leqslant \alpha \leqslant 0.8$	$\alpha = 0.8$	$\alpha \geqslant 0.85$
选址方案	A,B,C,D,E,F,G				无解
目标函数	1045.4	1040.3	949.3	948.8	

将上述表格用图 5-3 和图 5-4 直观地表示出来。

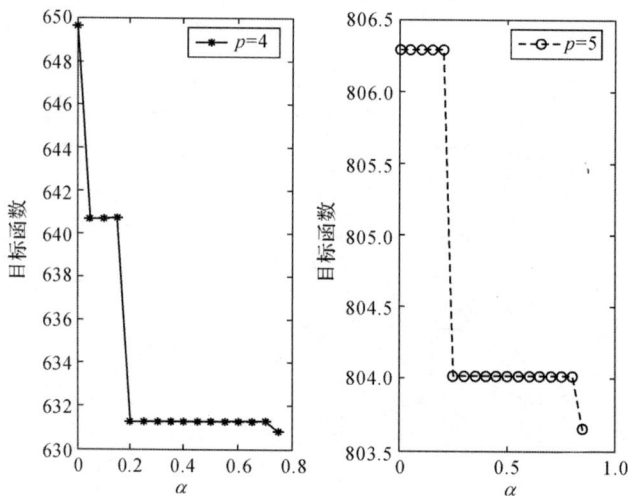

图 5-3　目标函数关于服务质量下限的关系（$p = 4,5$）

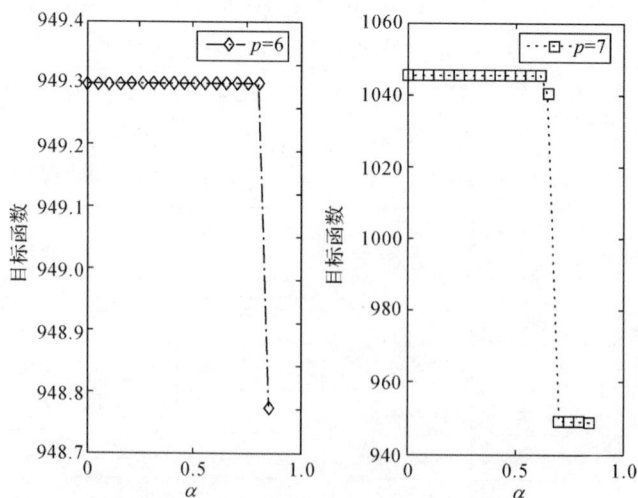

图 5-4　目标函数关于服务质量下限的关系（$p = 6,7$）

由上述图表可知,对于给定的设施总数 p,需求点关于服务质量的加权和随着需求点对服务质量的最低要求 α 的增大而减小,这就意味着当需求点对于服务质量的最低要求提高时,将使得可供选择的候选设施点数量变少,进而导致总体服务质量的下降。另一方面,对于同样的 α 值,当设施总数 p 增加时,服务质量的加权和相应增加,这是比较显然的,因为设施总数的增加可以使得应急服务设施与需求点之间的距离变小,进而提高应急服务质量。

下面分析最小、最大覆盖距离对于应急服务质量的影响关系,首先令最大覆盖距离 $D_U = 9$ 保持不变,然后让最小覆盖距离 D_L 以 0.5 为步长从 1 增加到 8,并分别取需求点服务质量下限 $\alpha = 0.1, 0.2, 0.3$ 计算所给目标函数值,所得结果如图 5-5 所示。从图中可以看出,给定最大覆盖距离的前提下,当最小覆盖距离增大时,需求点的服务质量加权和随之增大,其增幅先大后小。这是因为对于给定的 D_{ij},当最大覆盖距离 D_U 确定时,若 $D_{ij} < D_U$,则由式 (5-3-1) 可知 F_{ij} 随着最小覆盖距离 D_L 增大而增大,若 $D_{ij} \geqslant D_U$,则 F_{ij} 不变,因此所有需求点的服务质量加权和随着最小覆盖距离 D_L 的增大而增大。而增幅先大后小是由于当最小覆盖距离 D_L 从小到大增加时,一开始时使得相应的 F_{ij} 从小于 1 的数值变化为等于 1 的可能会比较大,即从基本覆盖转变为完全覆盖的需求点在 D_L 距 D_U 较远时会比较多,而当 D_L 接近 D_U 时则基本覆盖转变为完全覆盖的需求点相对变少,因此造成服务质量系数 F_{ij} 的变化较为平缓。

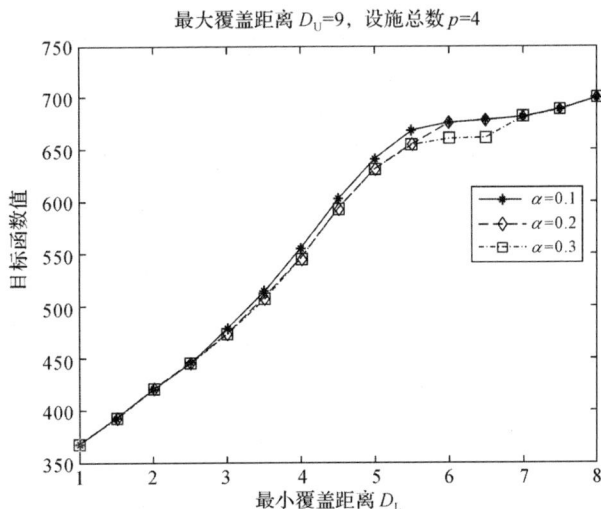

图 5-5   服务质量加权和与最小覆盖距离关系

其次,令最小覆盖距离 $D_L = 5$ 保持不变,令最大覆盖距离 D_U 以步长 0.2 从 9 增加到 12,并分别取需求点服务质量下限 $\alpha = 0.1, 0.2, \cdots, 0.5$ 计算所给目标函数值,所得结果如图 5-6 所示。

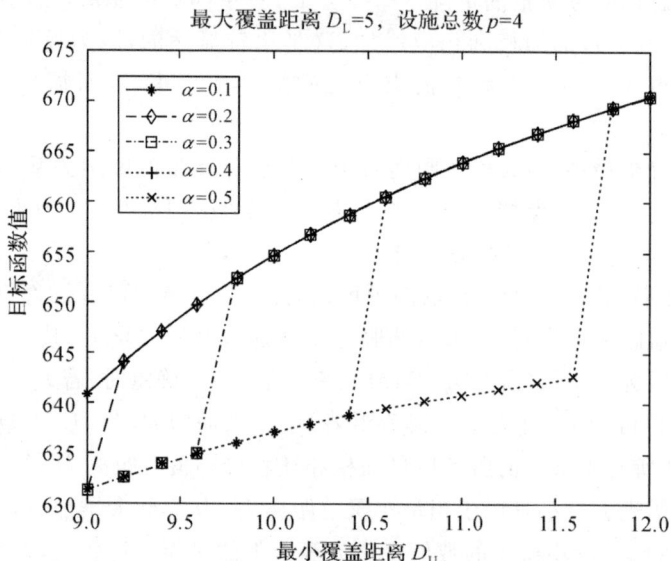

图 5-6 服务质量加权和与最大覆盖距离关系

从图 5-6 中可以看出,当最小覆盖距离 D_L 不变时,需求点服务质量加权和随着最大覆盖距离 D_U 的增大而增大,而不同的下限 α 的取值会使得服务质量加权和关于最大覆盖距离 D_U 的曲线在不同的位置产生突跳,这是由于随着最大覆盖距离 D_U 的增大,对于确定的需求点会在某个时刻增加可行的应急设施候选点集,从而使得应急设施服务质量加权和产生一个较大幅度的增大。下面以 $D_L = 5, D_U = 9, p = 4, \alpha = 0.3$ 为例对上述算例各种情景下应急设施点分配给各个需求点的比例系数如表 5-11 所示。

表 5-11 各种情景下的设施服务能力分配比例系数

	x^*_{sij}	社区1	社区2	社区3	社区4	社区5	社区6	社区7	社区8	社区9	社区10
情景1	设施A	0.0769	0.2646			0.1138				0.5446	
	设施B						1				
	设施F				0.5717	0.0725					0.3558
	设施G			0.7310				0.0912	0.1778		

续 表

x^*_{sij}		社区1	社区2	社区3	社区4	社区5	社区6	社区7	社区8	社区9	社区10
情景2	设施A	0.2000	0.1147			0.1320			0.3547	0.1987	
	设施B			0.7885	0.1035		0.1080				
	设施F				0.6442						0.3558
	设施G			0.7654				0.2346			
情景3	设施A	0.5000	0.0956			0.3144				0.0900	
	设施B			0.5091			0.4909				
	设施F				0.3267	0.1989					0.4744
	设施G			0.7199				0.1579	0.1231		
情景4	设施A	0.3684	0.2112			0.4168				0.0035	
	设施B			0.7500	0.2200		0.0300				
	设施F				0.3222						0.6778
	设施G			0.2884				0.0274	0.4267	0.2575	
情景5	设施A	0.3125	0.2867						0.0392	0.3617	
	设施B			0.8579			0.1421				
	设施F				0.3500	0.4321					0.2179
	设施G			0.7522				0.0746	0.1732		
情景6	设施A	0.4500	0.1433			0.2040				0.2027	
	设施B			0.7547	0.1032		0.1421				
	设施F				0.4083	0.1850					0.4067
	设施G							0.2737	0.6667	0.0596	
情景7	设施A	0.7273	0.0521			0.2206					
	设施B			0.7545			0.2455				
	设施F				0.4488	0.3333					0.2179
	设施G			0.4516	0.1626			0.1026	0.1200	0.1632	
情景8	设施A	0.6667	0.1147							0.2187	
	设施B			0.6914			0.3086				
	设施F				0.1361	0.6944					0.1694
	设施G			0.5400				0.0411	0.3200	0.0989	

5.3.5 小 结

本节在突发事件对应急服务设施造成服务能力下降以及对需求点造成影响的假设前提下,引入最小、最大覆盖距离定义服务质量系数,在不同情景模式对应急服务设施与需求点产生影响的情况下研究了应急服务设施选址问题,在每个需求点对于应急服务质量具有最低质量系数要求条件下,最大化所有需求点关于应急服务质量的加权和,设计了结合线性规划算法的模拟退火算法,并通过数值例子分析了各种参数对于应急设施选址结果的影响。

6 | 考虑交通中断的应急资源配置决策

6.1 引　言

近年来,世界各地一系列的大规模突发事件造成了大量的人员伤亡和巨大的经济损失。当发生大规模突发事件时,能否向灾区及时高效地提供应急资源对于应急管理的成败起着关键的作用,而应急资源配置问题是应急管理中一个非常重要的环节,它直接影响到应对灾害时的救援效果。应急资源布局分为选址和配置两个问题,选址主要是应急资源配置的位置选择,而配置则包括灾害发生前和灾害发生后的应急资源配置两类问题。灾害发生前的应急资源配置问题是在已经选址的应急物资供应中心存储一定数量的应急物资,当灾害发生时,救灾部门可以根据灾害情况立刻启动救灾预案,将已有的应急物资运往灾区以满足需求。而灾害发生后的资源配置主要是应急资源的应急配送。

目前关于应急资源配置的相关研究中较少涉及自然灾害对交通运输网络造成的影响,而在现实中,自然灾害通常会造成区域局部交通道路中断的情况,而交通道路中断会对应急资源的及时运输带来不利的影响,假设图 6-1 所示现有应急资源储备点 O 为应急资源需求点 A、B 供应物资,显然当它们之间的道路都连通之时,运输路线为 O→A(路线长为 15)和 O→B(路线长为 20),但若是道路 OA 中断,则需求点 A 的应急物资必须通过 B 点才能运达,其路线改为 O→B→A(路线长为 45),其余道路中断时也有类似情形。

因此在进行应急资源配置时应该考虑区域交通阻断的可能,本章针对自然灾害造成交通中断以及受灾点的应急物资需求不确定的情况,分别利用情景分析方法和鲁棒优化方法来研究应急储备点的选址以及应急资源的配置决策问题。

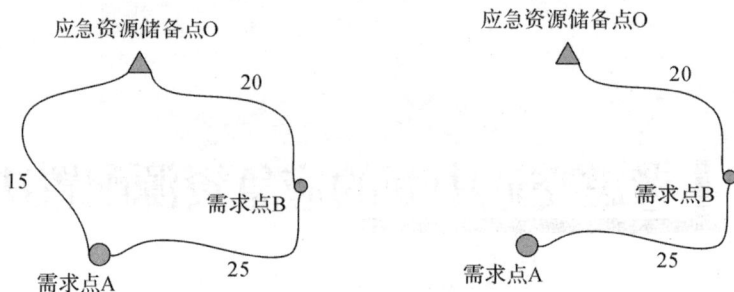

图 6-1　交通网络对应急资源运输影响示意图

6.2　随机情况下的应急资源配置风险决策

6.2.1　问题描述和参数设置

考虑某个地区针对自然灾害的应急资源布局问题,假设自然灾害将对区域原有的交通网络造成部分道路中断,不同情景下道路中断情况以及受灾点应急物资需求量各有不同。将该地区划分为 $|M|$ 个子区域,每个子区域 $i(i \in M)$ 可以按照相应的行政区域划分。当灾害发生之前,拟在 $|M|$ 个子区域选择若干个区域设立应急物资供应中心并确定这些应急物资供应中心所配置的应急资源数量,从而使得当灾害发生之后,应急物资供应中心可以为该地区的 $|M|$ 个子区域提供应急物资。

假设:

(1)灾害造成交通网络道路中断及受灾点应急物资需求的不确定性可用情景集表示;

(2)灾害发生之前建立应急物资供应中心及配置应急资源的资金预算已知;

(3)未能满足需求的应急资源可通过补偿满足,其价格大于灾前配置价格;

(4)拟建的应急物资供应中心具有容量限制。

模型相关参数设置如下:

$G(M,A)$:该地区按子区域划分的交通网络图,其中 M 表示顶点集,A 表示网络图中的边集;

d_i:应急物资供应中心 i 配置的应急物资单位价格,$i \in M$;

f_i:在子区域 i 建立应急物资供应中心所需的固定成本,$i \in M$;

G:用于应急资源配置的总资金投入限额;

Ξ:自然灾害发生的情景模式集合;

ξ_k:第 k 种情景模式,$\xi_k \in \Xi$;

p_k：第 k 种情景模式 ξ_k 所对应的概率，$\xi_k \in \boldsymbol{\Xi}$；

$A(\xi_k)$：第 k 种情景模式 ξ_k 下由于交通阻断而形成的边集，$A(\xi_k) \subseteq \boldsymbol{A}$，$\xi_k \in \boldsymbol{\Xi}$；

$\omega(a)$：边 a 对应的权（单位运输费用），$a \in \boldsymbol{A}$；

$P_{ij}(\xi_k)$：连接顶点 i 和 j 的所有路组成的集合，该路中所有弧属于 $A(\xi_k)$；

s_j：当灾区 j 的应急物资需求未得到满足时，进行补偿的价格，$j \in \boldsymbol{M}$；

C_i：在子区域 i 建立应急物资供应中心的容量限制，$i \in \boldsymbol{M}$；

$D_j(\xi_k)$：情景模式 ξ_k 下子区域 i 所需应急物资数量，$i \in \boldsymbol{M}$；

$d_{ij}(\xi_k)$：情景模式 ξ_k 下从子区域 i 到子区域 j 的应急物资最短运输费用矩阵，$i,j \in \boldsymbol{M}$；

x_i：在子区域 i 配置的应急物资数量，$i \in \boldsymbol{M}$；

r_i：当选择在子区域 i 建立应急物资供应中心时取值为 1，否则为 0，$i \in \boldsymbol{M}$；

$y_{ij}(\xi_k)$：情景模式 ξ_k 下从子区域 i 运输到子区域 j 的应急物资数量，$i,j \in \boldsymbol{M}, \xi_k \in \boldsymbol{\Xi}$；

$z_j(\xi_k)$：情景模式 ξ_k 下当子区域 j 的应急物资需求未得到满足时，进行补偿的数量，$j \in \boldsymbol{M}, \xi_k \in \boldsymbol{\Xi}$。

6.2.2 模型构建

则应急物资配置（Emergency Material Allocation）问题为：

$$\min Z_{SP} = \sum_{i \in M} d_i \cdot x_i + \sum_{i \in M} f_i \cdot x_i + E[g(\xi)] + \lambda \cdot \sum_{\xi_k \in \Xi} p(\xi_k) |g(\xi_k) - E[g(\xi)]|$$

$$(6\text{-}2\text{-}1)$$

$$s.t. \sum_{i \in M} d_i \cdot x_i + \sum_{i \in M} f_i \cdot r_i \leqslant G \qquad (6\text{-}2\text{-}2)$$

$$x_i \leqslant C_i \cdot x_i, i \in M \qquad (6\text{-}2\text{-}3)$$

$$(EMA) \quad \sum_{j \in M} y_{ij}(\xi_k) \leqslant x_i, i \in M, \xi_k \in \Xi \qquad (6\text{-}2\text{-}4)$$

$$\sum_{i \in M} y_{ij}(\xi_k) + z_j(\xi_k) \geqslant D_j(\xi_k), j \in M, \xi_k \in \Xi \qquad (6\text{-}2\text{-}5)$$

$$x_i \geqslant 0, y_{ij}(\xi_k) \geqslant 0, z_j(\xi_k) \geqslant 0, r_i \in \{0,1\}, i \in M, j \in M, \xi_k \in \Xi$$

$$(6\text{-}2\text{-}6)$$

其中，$E[g(\xi)] = \sum_{\xi_k \in \Xi} p(\xi_k) \cdot (\sum_{i \in M} \sum_{j \in M} d_{ij}(\xi_k) y_{ij}(\xi_k) + \sum_{j \in M} s_j z_j(\xi_k))$，为各种情景下应急资源的调度费用与未满足需求时的应急物资补偿费用的期望值，目标函数（6-2-1）为资源配置的经济代价，由三部分的费用组成：第一部分为应

急物资供应中心配置的应急资源的投入费用,包括配置应急物资所需的可变成本以及建立应急物资供应中心所需的固定成本,即 $\sum_{i \in M} d_i \cdot x_i + \sum_{i \in M} f_i \cdot x_i$;第二部分的费用为灾害发生后应急资源的调度费用与未满足需求时的应急物资补偿费用期望值,即 $E[g(\xi)]$;第三部分为对于各种情景下实际费用与期望值之间的加权偏差项,即 $\lambda \cdot \sum_{\xi_k \in \Xi} p(\xi_k) | g(\xi_k) - E[g(\xi)] |$,这一部分是用于控制所得最优配置方案在各种情景下的偏差,随着权重参数 λ 的变化可以控制偏差的大小。约束条件(6-2-2)表示配置应急物资时的可变成本及固定成本之和不超过配置可用的总资金投入;约束条件(6-2-3)表示每个网点配置的应急物资数量不超过该点建立应急供应中心的容量限制;约束条件(6-2-4)表示在情景模式 ξ_k 时,从各个网点运出的应急物资量不超过该点配置的应急物资数量;约束条件(6-2-5)表示所有运输至受灾点 j 的应急物资数量加上补偿的数量应不少于该点的需求量;约束条件(6-2-6)表示各种变量的限制。

由于各种情景模式下道路阻断的情况各不相同,因而每种情景模式对应着一种交通网络结构,而不同的交通网络结构又直接影响着节点之间的最短路径,从而本模型还包含着一个子问题,即需要对各种情景模式下的交通网络结构图求出任意节点之间的最短距离矩阵 $d_{ij}(\xi_k)$。对于任意的情景模式 $\xi_k \in \Xi$,有:

$$d_{ij}(\xi_k) := \min_{P_{ij}(\xi_k)} \omega(P_{ij}(\xi_k))$$

求解最短距离矩阵时可以用经典的 Dijkstra 算法实现,作为数据预处理求解出各种情景模式下任意顶点之间的最短距离矩阵 $d_{ij}(\xi_k)$ 后再将其作为已知量代入模型(EMA)之中。由于模型(EMA)为混合整数规划模型,利用优化软件 CPLEX 可以很好地求解该模型。

Dijkstra 算法:(计算正费用网络 $G = (V, A, W)$ 的最短路,起点 s 的编号假定为节点 1)

Step1:(初始化)令 $S = \varnothing$, $\bar{S} = V$, $u_s = u_1 = 0$, $pred(s) = 0$;对 V 中的节点 j($j \neq s$)令初始距离标号 $u_j = \infty$。

Step2:如果 $S = V$,则 u_j 为节点 s 到节点 j 的最短路路长(最短路可以通过数列 pred 所记录的信息反向追踪获得),结束;否则继续 Step2。

Step3:从 $\bar{S}$ 中找到距离标号的节点 i,把它从 $\bar{S}$ 中删除,加入 S。对于所有从 i 出发的弧 $(i,j) \in A$,若 $u_j > u_i + w_{ij}$,则令 $u_j = u_i + w_{ij}$, $pred(j) = i$,转 Step1。

目标函数(6-2-1)中的偏差项具有绝对值,为了处理该绝对值部分,我们应用 Yu 和 Li[150]针对类似问题提出的等价变换:

定理 6-1 $\min \sum\limits_{s \in S} p_s \xi_s + \lambda \sum\limits_{s \in S} p_s \left| \xi_s - \sum\limits_{s' \in S} p_s \xi_s \right|$ 等价于以下线性规划形式:

$$Z = \min \sum\limits_{s \in S} p_s \xi_s + \lambda \sum\limits_{s \in S} p_s \left[\left(\xi_s - \sum\limits_{s \in S} p_s \xi_s \right) + 2\theta_s \right]$$

$$\text{s.t.} \quad \xi_s - \sum\limits_{s \in S} p_s \xi_s + \theta_s \geqslant 0$$

$$\theta_s \geqslant 0 \tag{6-2-7}$$

6.2.3 数值计算

例 6-1 某沿海省份共有 10 个行政市,各个行政市之间现有的交通网络图如图 6-2 所示,该省经常遭受台风灾害的影响,由于地区地形及影响该省的台风形成规律,经过该省的台风路径基本上可以归纳为 5 种情景模式,如图 6-2 中虚箭线所示;灾前可用于应急物资中心建设及应急物资配置的资金限额为 $G = 1200000$ 元。

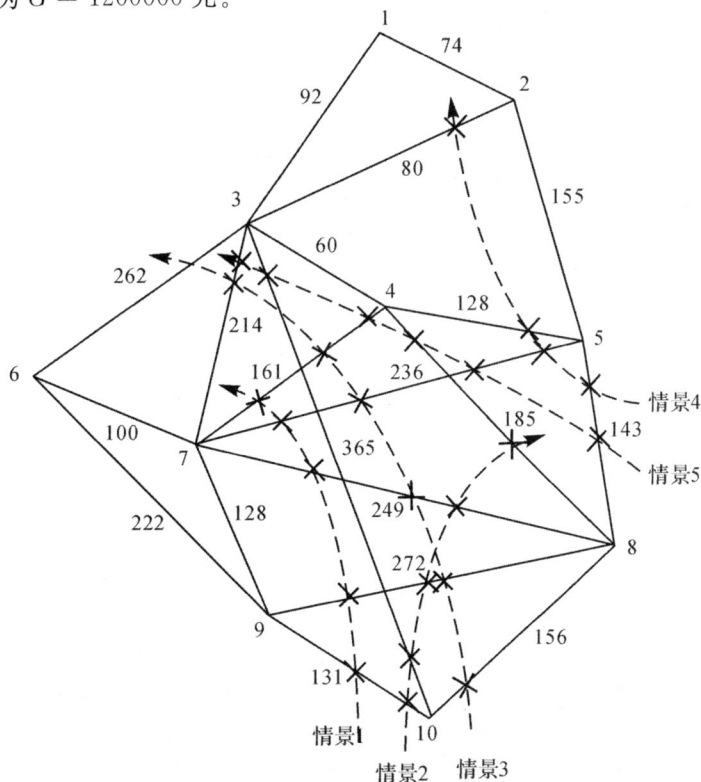

图 6-2 交通网络及受台风影响情景

注意由于图 6-2 是由实际交通路网节点间的路段抽象成直线得到,从而图中线段长度与对应数值之间并没有严格的比例关系。表 6-1 中 d_{ij}^0 为交通网络图 6-2 中各行政市之间道路上的权重,用应急物资的单位运输费用表示。本节中应急物资在各条路段上的单位运输费用主要由该路段的长度决定,在实际应用中还可以结合影响运输费用的其他因素进行考虑。

初始交通网络单位运费及各项参数如表 6-1 所示。

表 6-1　交通网络边权重及各项参数

d_{ij}^0 (元/吨)	1	2	3	4	5	6	7	8	9	10
1	0	74	92							
2	74	0	80		155					
3	92	80	0	60		262	214			365
4			60	0	128		161	185		
5		155		128	0		236	143		
6			262			0	100		222	
7			214	161	236	100		249	128	
8				108	143		249	0	272	156
9						222	128	272	0	131
10			365					156	131	0
d_i (元/吨)	1200	1100	1000	1100	1000	1500	1100	1100	1500	1000
s_i (元/吨)	1900	1700	1800	2000	1800	1800	1600	1900	1800	1700
f_i (元)	24000	22000	34000	35000	12000	24000	21000	15000	32000	31000
C_i (吨)	400	200	300	380	460	490	320	150	160	400

各种情景模式下道路交通阻断情况及受灾点应急物资的需求情景见表 6-2,表中最后一列 $(i-j)$ 表示行政市 i 与 j 之间的道路阻断,情景模式 ξ_k 后面括号中的数字代表该情景模式所对应的概率。

表 6-2　各种情景模式下受灾点应急物资需求量、道路阻断情况

$D_i(\xi_k)$ (吨)	i										阻断的道路
	1	2	3	4	5	6	7	8	9	10	
$\xi_1 (0.3)$				120			245		90	310	$(4-7)(5-7)(7-8)$ $(8-9)(9-10)$
$\xi_2 (0.25)$							220	150	350		$(4-8)(7-8)$ $(8-9)(9-10)$

$D_i(\xi_k)$（吨）	i										阻断的道路
	1	2	3	4	5	6	7	8	9	10	
ξ_3（0.2）			120			100	240	320		280	(3—6)(3—7)(4—7)(5—7)(7—8)(8—9)(8—10)
ξ_4（0.1）		80	100	120	210			340			(2—3)(4—5)(5—7)(5—8)
ξ_5（0.15）					160	120	200	260			(3—7)(3—10)(4—7)(4—8)(5—7)(5—8)

由于不同情景下道路阻断情况不同，从而节点之间的最短路径也相应不同，例如：节点 5 与节点 9 之间的最短路径在情景 1 下为（5—4—3—7—9）；在情景 2 下为（5—7—9）；在情景 3 下为（5—4—3—10—9）；在情景 4 下为（5—2—1—3—7—9）；在情景 5 下为（5—4—3—6—9）。利用图论中经典的 Dijkstra 算法可以计算出各种情景下所有节点之间的最短路径值 $d_{ij}(\xi_k)$ 如表 3 所示。表 6-3 中给出了对称矩阵的上半矩阵，表中数据值都由 5 个元素组成，依次代表 5 种情景下的各节点之间的最短路径值。

表 6-3　各种情景下节点最短路径值的上半矩阵

$d_{ij}(\xi_k)$	1	2	3	4	5	6	7	8	9	10
1	0；	74；	92；	152；	229；	354；	306；	337；	434；	457；
	0；	74；	92；	152；	229；	354；	306；	372；	434；	457；
	0；	74；	92；	152；	229；	810；	716；	337；	588；	457；
	0；	74；	92；	152；	229；	354；	306；	337；	434；	457；
	0	74	92	152	229	354	454	703	576	707
2		0；	80；	140；	155；	342；	294；	298；	422；	445；
		0；	80；	140；	155；	342；	294；	298；	422；	445；
		0；	80；	140；	155；	798；	704；	298；	576；	445；
		0；	166；	226；	155；	428；	380；	411；	508；	531；
		0	80	140	155	342	442	691	564	695
3			0；	60；	188；	262；	214；	245；	342；	365；
			0；	60；	188；	262；	214；	331；	342；	365；
			0；	60；	188；	718；	624；	245；	496；	365；
			0；	60；	321；	262；	214；	245；	342；	365；
			0	60	188	262	362	611	484	615

续 表

$d_{ij}(\xi_k)$	1	2	3	4	5	6	7	8	9	10
4				0；	128；	322；	274；	185；	402；	341；
				0；	128；	261；	161；	271；	289；	425；
				0；	128；	778；	684；	185；	556；	425；
				0；	381；	261；	161；	185；	289；	341；
				0	128	322	422	671	544	675
5					0；	450；	402；	143；	530；	299；
					0；	336；	236；	143；	364；	299；
					0；	906；	812；	143；	684；	553；
					0；	583；	535；	566；	663；	686；
					0	450	550	799	672	803
6						0；	100；	507；	222；	627；
						0；	100；	479；	222；	627；
						0；	100；	963；	222；	353；
						0；	100；	349；	222；	353；
						0	100	349	222	353
7							0；	459；	128；	579；
							0；	379；	128；	535；
							0；	869；	128；	259；
							0；	249；	128；	259；
							0	249	128	259
8								0；	587；	156；
								0；	507；	156；
								0；	741；	610；
								0；	272；	156；
								0	272	156
9									0；	707；
									0；	663；
									0；	131；
									0；	131；
									0	131

续　表

$d_{ij}(\xi_k)$	1	2	3	4	5	6	7	8	9	10
10										0;
										0;
										0;
										0;
										0

1. 不考虑偏差项影响时的最优配置决策

首先令目标函数(6-2-1)中偏差项的参数$\lambda=0$,即不考虑偏差项对于应急物资最优配置的影响,利用当前常用的优化软件 CPLEX 12.4 对上述算例编程求解,得最优目标函数值为 1038100(元),最优配置方案 x_i 以及各种情景下的运输方案 $y_{ij}(\xi_k)$ 以及补偿方案 $z_j(\xi_k)$ 见表 6-4,其中 $y_{ij}(\xi_k)$ 和 $z_j(\xi_k)$ 都由一个 5 元有序数据表示,依次表示 5 种情景下的对应值。

表 6-4　例 6-1 的最优解($\lambda=0$)

$y_{ij}(\xi_k)$		2	3	4	5	6	7	8	9	10	x_i
	5		0	120	0	0	50	0	90	0	260
			0	0	0	0	0	220	0	40	
			0	0	0	0	0	260	0	0	
		50		0	210	0	0	0	0	0	
				0	160	100	0	0	0	0	
i	7			0	0	0	170	0	0		170
				0	0	0	20	0	150		
				0	0	100	70	0	0		
				20	120	0	0	30	0		
				0	0	0	170	0	0		
	10					0	0	0		310	310
						0	0	0		310	
			30			0	0	0		280	
						0	0	310		0	
						20	30	260		0	

续　表

$y_{ij}(\xi_k)$	j									x_i
	2	3	4	5	6	7	8	9	10	
	0	0				25	0			
	0	0				0	0			
$z_j(\xi_k)$	0	90				170	60			
	30	80				0	0			
	0	0				0	0			

另外我们对于补偿价格 s_i 随机扰动（$\leqslant 10\%$）后进行了多次计算（见表 6-5），发现除了最优目标函数值及配置方案的数值有差别之外，应急物资均配置于行政市 5、7、10 三处，说明应急物资配置所选取的位置具有一定的鲁棒性。

表 6-5　补偿价格随机扰动（$\leqslant 10\%$）情况下的最优配置表（$\lambda=0$）

x_i		计算次序														
		1	2	3	4	5	6	7	8	9	10	11	12	13	14	15
i	5	260	210	260	260	260	210	260	230	230	260	230	210	260	260	210
	7	170	190	170	195	170	200	170	170	170	170	170	220	170	195	220
	10	310	310	310	310	310	330	310	340	340	310	340	310	310	310	310

2. 考虑偏差项影响时的最优配置决策

令目标函数中偏差项的参数 λ 以 0.1 的步长从 0 变化到 2，对模型进行计算，目标函数值 Z_{SP}、偏差期望值 $E[g(\xi)]$ 以及各情景所需灾后费用与偏差期望值 $E[g(\xi)]$ 之间的最大偏差值这三者与参数 λ 之间的关系如图 6-3 所示。

从图 6-3 中可以看出，随着参数 λ 从 0 变化到 2，总的目标函数值 Z_{SP} 呈现单调增加的趋势，并且其增加幅度先大后小，最后基本趋于水平，这就意味着当参数 λ 增大到一定程度时，各种情景下的灾后费用与配置期望值之间的偏差在目标函数中所占地位变得相对重要，从而使得所得灾前配置方案趋向于令偏差期望值为 0 的配置方案。而配置期望值 $E[g(\xi)]$ 由于考虑到偏差项权重的影响，其值也呈现单调增加的趋势，另一方面各种情景下灾后费用与配置期望值 $E[g(\xi)]$ 之间的最大绝对偏差则随着参数 λ 的增加而递减，并最终趋向于 0，这就意味着配置方案受到偏差项的影响，从较大偏差但较小的配置期望值 $E[g(\xi)]$ 的方案逐渐转变为较小偏差但较大配置期望值的方案。

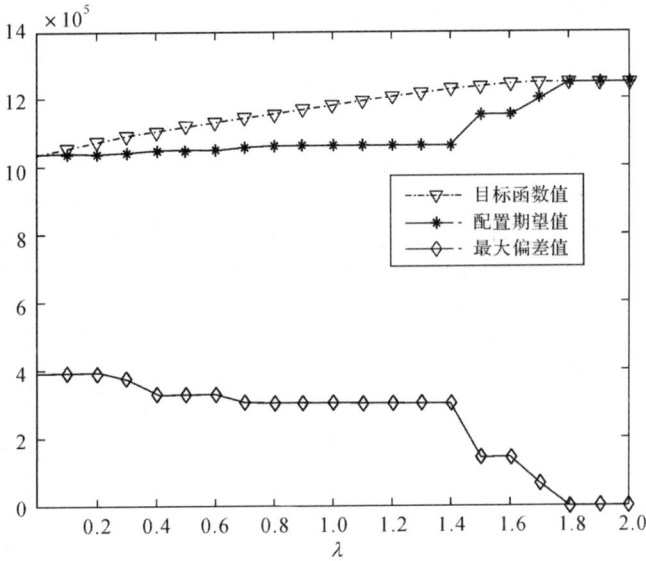

图 6-3　灾后各项费用与偏差值参数 λ 的关系

下面我们给出参数 λ 以步长 0.1 从 0 变化到 2 时,对应的最优灾前配置方案 x^* 如表 6-6 所示。

表 6-6　参数 λ 与最优配置方案关系

x_i		λ								
		$[0,0.2]$	0.3	0.4	0.5、0.6	0.7	$[0.8,1.4]$	1.5、1.6	1.7	$[1.8,2]$
i	5	260	260	415	425	440	440	440	440	440
	7	170	195					227.7734	280	319.1125
	10	310	310	350	340	350	354.5472	280	280	280

从表 6-6 中可以看出,偏差项参数 λ 以步长 0.1 从 0 变化到 2 时,最优配置方案共有 9 个,其中 $0.8 \leqslant \lambda \leqslant 1.4$ 时的配置方案可以看作对于偏差值参数的适应度最大,对于最多可能的 λ 都适用。下面给出这个方案在各种情景下的具体调度及补偿方案,如表 6-7 所示。

表 6-7　最优配置、调度及补偿方案（$0.8 \leqslant \lambda \leqslant 1.4$）

$y_{ij}(\xi_k)$		j									x_i
		2	3	4	5	6	7	8	9	10	
i	5	0	0	120	0	0	230	0	90		440
		0	0	0	70	0	0	220	150		
		0	120	0	0	0	0	320	0		
		80	44.5472	105.4528	210	0	0	0	0		
		0	0	0	214.5472	120	105.4528	0	0		
	10			0		0	15	0		339.5472	354.5472
				0		0				354.5472	
				0	74.5472				280		
				14.5472			340		0		
						94.5472	260		0		
$z_j(\xi_k)$			0			0	0				
			0			0	0				
				0		25.4528	240				
			55.4528			0	0				
						0	0				

而 $1.8 \leqslant \lambda \leqslant 2$ 所对应的配置方案是在各种情景下偏差期望值最小的，由于该方案可以保证在各种可能情景下都是一个较好的配置方案，因此对于保守型决策者而言这是一个比较好的选择，下面给出具体方案，如表 6-8 所示。

表 6-8　最优配置、调度及补偿方案（$1.8 \leqslant \lambda \leqslant 2$）

$y_{ij}(\xi_k)$		j									x_i
		2	3	4	5	6	7	8	9	10	
i	5	0	0	120	320	0	0	0	0	0	440
		0	0	0	15.7191	0	0	220	0	204.2809	
		0	120	0	0	0	0	320	0	0	
		80	0	0	360	0	0	0	0	0	
		0	0	0	440	0	0	0	0	0	

续 表

$y_{ij}(\xi_k)$		j									x_i
		2	3	4	5	6	7	8	9	10	
i	7		0	0		0	229.1125	0	90		319.1125
			0	0		0	169.1125	0	150		
			0	0		100	219.1125	0	0		
			100	120		0	39.1125	60	0		
			0	0		85.1882	233.9243	0	0		
	10		0			0	0		280		280
			0			0	0		280		
			30			0	0		280		
			0			0	0		280		
			0			0	0	260	20		
$z_j(\xi_k)$						0	15.8875		34.9647		
						0	0		0		
						0	20.8875		0		
						0	0		0		
						34.8118	0		0		

对于不同类型的自然灾害情况，如果能够得到灾害导致的路径中断下各种情景的概率分布以及相应的应急资源需求量，则可用本书模型求解类似问题，比较适用的还有洪水、暴雨、泥石流等可以根据历史数据得到概率分布的自然灾害情况，而对于地震、海啸等大规模突发灾害，由于较难有合适的历史统计数据得到各种情景的概率情况，从而本书模型不适合于求解这些灾害情况下的应急资源布局问题。

6.2.4 小 结

自然灾害导致交通阻断的情形在现实中十分常见，但是目前很少有应急管理领域的研究工作考虑到道路被破坏的因素；本书对自然灾害导致交通阻断的情况，首先结合最短路问题利用 Dijkstra 算法求出各种交通阻断情景之下的最短距离矩阵，然后建立基于交通阻断的应急物资优化配置随机模型。最后以某沿海省份受台风灾害影响为例进行计算说明了模型的有效性，并详细分析了偏差项权重系数对于应急物资配置方案的影响。本模型计算所得结果既有灾害发生前的应急资源配置方案,又有应对各种情景模式的灾后运输调度及补偿方案,可为决策部门提供一定的参考。对于不易求得的路径中断情景概率分布的应急资源布局问题,可结合鲁棒优化理论进行研究。

6.3　基于鲁棒优化的应急资源配置决策

6.3.1　问题描述

由前可知,灾害发生前的应急资源配置问题面临着两个重要的不确定性:一是自然灾害阻断灾区部分交通运输道路的情况具有不确定性;二是受灾点对应急资源的需求量具有不确定性。目前关于应急资源配置问题的大部分研究都假设处于确定的路网结构下,仅有少数研究工作考虑了不确定路网结构的情况;另外,应急资源配置问题的研究一般都假定需求点的需求量是静态不变的,当考虑需求变化时则要求其概率分布已知,以便利用随机规划的方法求解资源配置问题。然而,随机需求的概率分布在现实中很难有效预测,因此在许多情况下难以获得相应不确定因素的随机分布。

鲁棒优化理论(Robust Optimization)是近十几年发展起来的用于解决不确定优化问题的新方法,它将数据的不确定性用“集合”形式描述,通过求解不确定问题的鲁棒对应(Robust Counterpart)得到扰动意义下最接近于最优解的鲁棒解。本节我们针对灾前应急资源配置问题所面临的两个不确定因素,引入两个鲁棒控制水平参数建立两阶段应急资源鲁棒配置模型,并在第二阶段回溯问题线性化后提出求解模型的 Benders 分解算法,最后通过算例验证模型及算法的有效性。

6.3.2　数学模型

参数及变量设置:

$G(N,A)$:表示由顶点集 N 和边集 A 所组成的交通网络图;

N_1:表示受灾点集,$N_1 \subseteq N$;

A_1:表示在自然灾害中可能会产生阻断的边集,$A_1 \subseteq A$;

d_i:表示顶点 i 处配置应急资源的单位可变成本,$i \in N$;

f_i:表示顶点 i 处配置应急资源的固定成本,$i \in N$;

C_i:表示顶点 i 处配置应急资源的容量限制,$i \in N$;

e_j:表示受灾点 j 所需应急资源未得到满足时的单位补偿成本,$j \in N$;

G:表示灾害发生前可供配置的预算要求;

β_j：表示受灾点 j 的应急资源需求量，$j \in \mathbf{N}_1$；

$d_{ij}(S)$：表示当阻断道路集为 S 时，从 i 到 j 的单位运输费用，$S \subseteq \mathbf{A}_1$，$i \in \mathbf{N}, j \in \mathbf{N}_1$；

x_i：表示顶点 i 配置的应急资源数量，$i \in \mathbf{N}$；

y_{ij}：表示顶点 i 到 j 的应急资源运输量，$i \in \mathbf{N}, j \in \mathbf{N}_1$；

z_j：表示受灾点 j 的需求未得到满足时，进行补偿的应急资源数量，$j \in \mathbf{N}_1$；

r_i：为 0—1 变量，当顶点 i 选择配置应急资源时取值为 1，否则为 0，$i \in \mathbf{N}$。

应急资源配置模型为：

$$\min f = \sum_{i \in \mathbf{N}} d_i x_i + \sum_{i \in \mathbf{N}} f_i x_i + \sum_{i \in \mathbf{N}} \sum_{j \in \mathbf{N}_1} d_{ij} y_{ij} + \sum_{j \in \mathbf{N}_1} e_j z_j \tag{6-3-1}$$

$$s.t. \qquad x_i \leqslant C_i r_i, i \in \mathbf{N} \tag{6-3-2}$$

$$\sum_{i \in \mathbf{N}} d_i x_i + \sum_{i \in \mathbf{N}} f_i r_i \leqslant G \tag{6-3-3}$$

$$\sum_{j \in \mathbf{N}_1} y_{ij} \leqslant x_i, i \in \mathbf{N} \tag{6-3-4}$$

$$\sum_{i \in \mathbf{N}} y_{ij} + z_j \geqslant \beta_j, j \in \mathbf{N}_1 \tag{6-3-5}$$

$$x_i \geqslant 0, y_{ij} \geqslant 0, z_j \geqslant 0, r_i \in \{0, 1\}, i \in \mathbf{N}, j \in \mathbf{N}_1 \tag{6-3-6}$$

注 1：d_{ij} 由交通网络图 $\mathbf{G}(\mathbf{N}, \mathbf{A})$ 决定，可表示为该图中顶点 i, j 之间的最短路，类似地 $d_{ij}(S)$ 则由交通网络图 $\mathbf{G}(\mathbf{N}, \mathbf{A} \backslash \mathbf{S})$ 决定。

上述模型中的目标函数(6-3-1)为应急物资配置的经济代价，由 2 个阶段的费用组成：第 1 阶段为应急物资配置的投入费用，包括固定费用和可变费用；第 2 阶段的费用为灾害发生后应急物资的调度运输费用以及未满足应急物资的补偿费用。约束条件(6-3-2)表示灾前各点配置量应满足容量限制；约束条件(6-3-3)为灾前应急物资配置的预算要求；约束条件(6-3-4)表示灾后从配置点运出的应急物资不能超过该点的配置数量；约束条件(6-3-5)意为每个受灾点的需求量应尽量满足，对于未满足的物资引入补偿策略，策略的代价即目标函数的最后一项，可以认为是未满足的需求所造成的经济损失；约束条件(6-3-6)表示决策变量的限制。

在灾害发生之前，对于交通道路的阻断情况，一般只能估计存在哪些可能的阻断道路以及可能会有多少条道路发生阻断，另外灾害发生前受灾点对于应急资源的需求量 β_j 是不确定的，并且在现实中很难用概率分布描述其不确定性，估计需求量的上下界则相对更为可行。因此，很多情况下可设受灾点 j 的应急资源需求量 $\beta_j \in [\bar{\beta}_j, \bar{\beta}_j + \hat{\beta}_j]$，这里 $\bar{\beta}_j$ 表示 β_j 的下界，而 $\hat{\beta}_j$ 表示其最大偏差。根据 Bertsimas 和 Sim 的思想，本书给出如下两阶段鲁棒优化模型 $EMA_{rob}(\Gamma_1, \Gamma_2)$：

$$\min f(x,r) = \sum_{i \in N} d_i x_i + \sum_{i \in N} f_i r_i + opt(R(x, \Gamma_1, \Gamma_2)) \tag{6-3-7}$$

$$s.t. \qquad x_i \leqslant C_i r_i, i \in N \tag{6-3-8}$$

$$\sum_{i \in N} d_i x_i + \sum_{i \in N} f_i r_i \leqslant G \tag{6-3-9}$$

$$x_i \geqslant 0, r_i \in \{0,1\}, i \in N \tag{6-3-10}$$

其中 $opt(R(x, \Gamma_1, \Gamma_2))$ 表示如下所示的第二阶段回溯问题 $R(x, \Gamma_1, \Gamma_2)$ 的最优目标函数值：

$$opt(R(x, \Gamma_1, \Gamma_2)) := \max_{\{|S| \leqslant \Gamma_1, S \subseteq A\}} \max_{t_j \in T} \min \Big[\sum_{i \in N} \sum_{j \in N_1} d_{ij}(S) y_{ij} + \sum_{j \in N_1} e_j z_j \Big] \tag{6-3-11}$$

$$s.t. \qquad \sum_{j \in N_1} y_{ij} \leqslant x_i, i \in N \tag{6-3-12}$$

$$\sum_{i \in N} y_{ij} + z_j \geqslant \bar{\beta}_j + t_j \hat{\beta}_j, j \in N_1 \tag{6-3-13}$$

$$y_{ij} \geqslant 0, z_j \geqslant 0, i \in N, j \in N_1 \tag{6-3-14}$$

其中 $T = \Big\{ t_j \mid 0 \leqslant t_j \leqslant 1, \sum_{j \in N_1} t_j \leqslant \Gamma_2 \Big\}$。

6.3.3　模型线性化

定理 6-2　回溯问题 $R(x, \Gamma_1, \Gamma_2)$ 等价于如下模型：

$$\max_{|S| = \Gamma_1, S \subseteq A} F(x, S) \tag{6-3-15}$$

其中：

$$F(x, S) = \max \Big[-\sum_{i \in N} x_i u_i + \sum_{j \in N_1} (\bar{\beta}_j v_j + \hat{\beta}_j v_j t_j) \Big] \tag{6-3-16}$$

$$s.t. \qquad -u_i + v_j \leqslant d_{ij}(S), i \in N, j \in N_1 \tag{6-3-17}$$

$$v_j \leqslant e_j, j \in N_1 \tag{6-3-18}$$

$$\sum_{j \in N_1} t_j \leqslant \Gamma_2 \tag{6-3-19}$$

$$0 \leqslant t_j \leqslant 1, j \in N_1 \tag{6-3-20}$$

$$u_i \geqslant 0, v_j \geqslant 0, i \in N, j \in N_1 \tag{6-3-21}$$

证明： 对于给定的 $S \subseteq A_1, |S| \leqslant \Gamma_1, x_i$ 以及 t_j，(6-3-11)式中的最小化部分为如下线性规划：

$$\min \Big[\sum_{i \in N} \sum_{j \in N_1} d_{ij}(S) y_{ij} + \sum_{j \in N_1} e_j z_j \Big]$$

$$\text{s. t.} \begin{cases} \sum_{j \in N_1} y_{ij} \leqslant x_i, i \in N \\ \sum_{i \in N} y_{ij} + z_j \geqslant \bar{\beta}_j + t_j \hat{\beta}_j, j \in N_1 \\ y_{ij} \geqslant 0, z_j \geqslant 0, i \in N, j \in N_1 \end{cases} \quad (6\text{-}3\text{-}22)$$

线性规划(6-3-22)的对偶问题为:

$$\max - \sum_{i \in N} x_i u_i + \sum_{j \in N_1} (\bar{\beta}_j + t_j \hat{\beta}_j) v_j$$

$$\text{s. t.} \begin{cases} -u_i + v_j \leqslant d_{ij}(S), i \in N, j \in N_1 \\ v_j \leqslant e_j, j \in N_1 \\ u_i \geqslant 0, v_j \geqslant 0, i \in N, j \in N_1 \end{cases} \quad (6\text{-}3\text{-}23)$$

由对偶理论结合式(6-3-11)可知,模型 $R(x, \Gamma_1, \Gamma_2)$ 等价于 $\max\limits_{|S| \leqslant \Gamma_1, S \subseteq A} F(x, S)$。

下面证明,若非负整数 r_1, r_2 满足条件 $r_1 \leqslant r_2 \leqslant |A_1|$,则:

$$\max_{S_1 \subseteq A_1, |S_1| = r_1} F(x, S_1) \leqslant \max_{S_2 \subseteq A_1, |S_2| = r_2} F(x, S_2) \quad (6\text{-}3\text{-}24)$$

首先设 $S_1 \subseteq S_2 \subseteq A_1$,则 $d_{ij}(S_1)$、$d_{ij}(S_2)$ 分别为求图 $G(N, A \backslash S_1)$、$G(N, A \backslash S_2)$ 中顶点 i, j 之间的最短路。显然,由于边集 $A \backslash S_1 \supseteq A \backslash S_2$,从而 $d_{ij}(S_1) \leqslant d_{ij}(S_2)$,进一步,由 $F(x, S)$ 的约束条件可知必有 $F(x, S_1) \leqslant F(x, S_2)$。再设 $\max\limits_{S_1 \subseteq A_1, |S_1| = r_1} F(x, S_1) = F(x, S_1^*)$,由于 $r_1 \leqslant r_2 \leqslant |A_1|$,从而存在 $|S_2'| = r_2$,使得 $S_1^* \subseteq S_2' \subseteq A_1$,故有:

$$\max_{S_1 \subseteq A_1, |S_1| = r_1} F(x, S_1) = F(x, S_1^*) \leqslant F(x, S_2') \leqslant \max_{S_2 \subseteq A_1, |S_2| = r_2} F(x, S_2)$$

综上所述,回溯问题 $R(x, \Gamma_1, \Gamma_2)$ 等价 $\max\limits_{|S| \leqslant \Gamma_1, S \subseteq A} F(x, S)$,定理 6-2 得证。

注 2:模型中的 $F(x, S)$ 是一个二次规划模型,其中鲁棒控制水平参数 Γ_2 可以自然地解释为 $\beta_j \neq \hat{\beta}_j$ 的约束条件数目,从而可以假设 Γ_2 为整数。基于这一假设以及下面的定理,可以将模型(6-3-15)转化为一个混合整数规划模型。

定理 6-3 若 Γ_2 为整数,则模型(6-3-15)存在一个最优解 (u^*, v^*, t^*),使得 $t_j^* \in \{0, 1\}, j \in N_1$。

证明:首先定义下列多胞形:

$$\Omega = \{(u, v) \in R^{|N|} \times R^{|N_1|} : -u_i + v_j \leqslant d_{ij}(S), v_j \leqslant e_j, u, v \geqslant 0, i \in N, j \in N_1\}$$

$$\Psi(\Gamma_2) = \left\{ t \in R^{|N_1|} : \sum_{j \in N_1} t_j \leqslant \Gamma_2, 0 \leqslant t_j \leqslant 1, j \in N_1 \right\}$$

由于模型(6-3-15)为双线性规划,且这一问题具有有限最优解(这是因为两个多胞形都是有界的），由文献可知 (u^*,v^*) 是 Ω 的一个顶点且 t^* 为 $\Psi(\Gamma_2)$ 的一个顶点，这便意味着当 Γ_2 为整数时，t^* 为 $0-1$ 变量。定理证毕。

根据定理 6-3，可以将 $F(x,S)$ 转化为如下混合整数规划形式：

$$\hat{F}(x,S) = \max\left[-\sum_{i\in N}x_iu_i + \sum_{j\in N_1}\bar{\beta}_jv_j + \sum_{j\in N_1}\hat{\beta}_j\alpha_j\right]$$

$$s.t.\begin{cases} -u_i + v_j \leqslant d_{ij}(S), i\in N, j\in N_1 \\ v_j \leqslant e_j, j\in N_1 \\ \alpha_j \leqslant v_j, j\in N_1 \\ \alpha_j \leqslant Mt_j, j\in N_1 \\ \sum_{j\in N_1}t_j \leqslant \Gamma_2 \\ u_i \geqslant 0, v_j \geqslant 0, \alpha_j \geqslant 0, t_j \in \{0,1\}, i\in N, j\in N_1 \end{cases}$$

注 3： 这里 M 表示一个充分大的正数，用于表示 α_j 与 t_j 之间的约束关系。

6.3.4 算法设计

Benders 分解算法是一种通过分解与切平面技术结合而成的求解混合整数规划的经典算法。本书针对模型 $EMA_{rob}(\Gamma_1,\Gamma_2)$，提出下述基于 Benders 分解思想的算法：

Step1： 初始化。给定鲁棒控制水平参数 Γ_1,Γ_2，随机给定满足模型中约束条件的一个 x_i,r_i 值，对于每一个满足条件 $|S|=\Gamma_1,S\subseteq A_1$ 的集合 S，利用图论中的 Dijkstra 算法求出顶点集 N,N_1 之间的最短距离矩阵 $d_{ij}(S)$，然后求解回溯问题 $\hat{F}(x,S)$；记 (u^0,v^0,t^0,α^0) 为 $\max\limits_{|S|=\Gamma_1,S\subseteq A_1}\hat{F}(x,S)$ 的最优解；令 $U:=+\infty,L:=-\infty,k:=1$。

Step2： 求解主问题

$$\min\sum_{i\in N}d_ix_i + \sum_{i\in N}f_ir_i + \xi$$

$$s.t.\begin{cases} \xi \geqslant -\sum_{i\in N}x_iu_i^0 + \sum_{j\in N_1}\bar{\beta}_jv_j^0 + \sum_{j\in N_1}\hat{\beta}_j\alpha_j^0 \\ x_i \leqslant C_ir_i, i\in N \\ \sum_{i\in N}d_ix_i + \sum_{i\in N}f_ir_i \leqslant G \\ x_i \geqslant 0, r_i \in \{0,1\}, i\in N \end{cases}$$

记最优解为 (x^k, r^k, ξ^k)，更新 $L: = \sum_{i \in N} d_i x_i^k + \sum_{i \in N} f_i r_i^k + \xi^k$。

Step3：对于给定的 x^k，求解回溯问题 $\max\limits_{|S| = \Gamma_1, S \subseteq A_1} \hat{F}(x^k, S)$，记其最优值为 $\hat{F}^k$，

最优解为 $(u^k, v^k, t^k, \alpha^k)$；更新 $U: = \min\left\{U, -\sum_{i \in N} d_i x_i^k + \sum_{i \in N} f_i r_i^k + \hat{F}^k\right\}$；若 $U =$

L，则算法中止，输出最优解 (x^k, r^k, ξ^k)，否则转 Step4。

Step4：在主问题中增加约束条件 $\xi \geqslant -\sum_{i \in N} x_i u_i^k + \sum_{j \in N_1} \bar{\beta}_j v_j^k + \sum_{j \in N_1} \hat{\beta}_j \alpha_j^k$，更

新 $k: = k + 1$ 返回 Step2。

6.3.5 数值计算

例 6-2 某沿海省份共有 10 个行政市，各个行政市之间的交通网络图如图 6-3 所示，图 6-3 中各顶点表示行政市，顶点之间的边表示行政市之间存在的道路。该省份经常遭受台风影响，7 条可能由于台风影响而中断的道路分别用 A、B、C、D、E、F、G 表示，可能的受灾点集为 $\{2, 4, 7, 9, 10\}$。

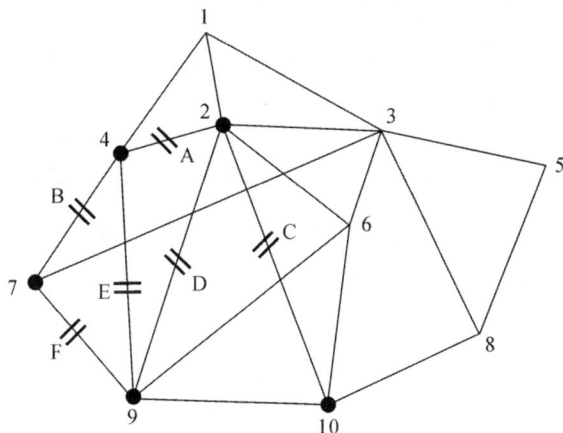

图 6-3　交通网络及可能阻断路径图

应急物资在各条道路上运输所需的单位费用(元/T)见表 6-9 所示：

表 6-9　各节点直接连通的道路运输费用表(元/T)

	1	2	3	4	5	6	7	8	9	10
1	0	100	262	222						
2		0	214	128					249	236

续　表

	1	2	3	4	5	6	7	8	9	10
3			0		92	60		80		
4				0			131		272	
5					0			74		
6						0			108	108
7							0		156	
8								0		155
9									0	143
10										0

若两节点之间无直接连通的道路,则需要通过其他节点中转运达。各行政市(顶点)配置应急资源的固定成本 f_i、可变成本 d_i(元/T)和容量限制 C_i(T)等数据见表 6-10,资金预算 G 为 120 万元。

表 6-10　各行政区应急资源配置固定成本、可变成本及容量

顶点	1	2	3	4	5	6	7	8	9	10
f_i	24300	22400	34500	35400	12500	24600	21600	15700	32500	31800
d_i(T)	1220	1130	1400	1080	1150	1520	1180	1210	1540	1300
C_i(T)	460	280	320	380	460	490	320	150	160	430

受灾点的应急资源需求量下界可根据人口密度确定,分别进行 2%、5%、10% 的扰动作为其最大偏差 $\hat{\beta}_j$。各个受灾点的需求量下界 $\bar{\beta}_j$(T)、需求量 5% 的扰动量 $\hat{\beta}_j$(T)以及当应急资源不能满足需求量的单位补偿价格 e_j(T)见表 6-11。

表 6-11　受灾点的需求量、扰动量(5%)及补偿价格

顶点	2	4	7	9	10
$\bar{\beta}_j$(T)	160	230	320	280	180
$\hat{\beta}_j$(T)	8	11.5	16	14	9
e_j(T)	1700	2000	1600	1800	1700

针对以上算例,利用 Matlab 对算法进行编程实现,其中 $\hat{F}(x,S)$ 直接调用优化软件 CPLEX 12.4 进行求解,当控制水平参数 $\Gamma_1=\Gamma_2=0$ 时,亦即为确定交通网络下确定性需求的配置问题,求得其最优目标函数值为 $Z_0=1578040$ 元。其最优配置方案如表 6-12 所示。

表 6-12 确定情况下的最优配置方案

y_{ij}^*		受灾点					x_i^*	f_i^*
		2	4	7	9	10		
	2	160			120		280	22400
配置点	4		230		150		380	35400
	7			310	10		320	21600
z_j^*				10		180		
$\bar{\beta_j}$		160	230	320	280	180		

可知,应急资源配置于三个点 2、4、7 处,各自的配置量分别为 280、380 和 320,除了满足 2、4、7 三处所需分别为 160、230 和 310 之外,分别由 2、4、7 运输至受灾点 9 处,分别为 120、150 和 10,而受灾点 7 以及 10 未满足部分分别由 10 和 180 补偿完成。配置及运输方案可见图 6-4 所示。

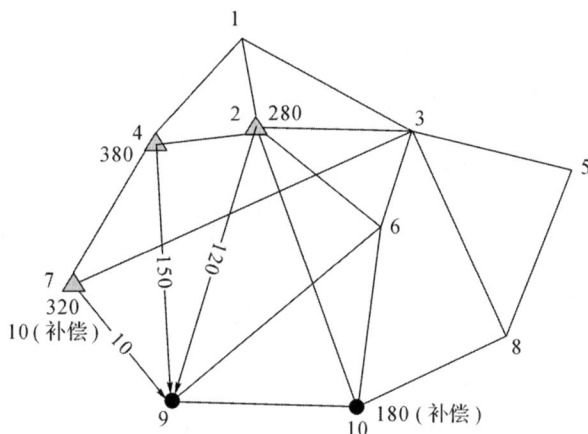

图 6-5 应急资源配置及调运方案图

下面我们对不同扰动比例以及控制水平参数 Γ_1、Γ_2 的各种不同组合进行了计算,并将所得到的目标函数值与确定情况下的目标函数值 Z_0 进行比较,结果如表 6-13 所示。

表 6-13　不同控制水平及扰动比例的组合计算结果

控制水平参数	扰动比例	$\Gamma_2=1$		$\Gamma_2=3$		$\Gamma_2=5$	
		Z(元)	Z/Z_0	Z(元)	Z/Z_0	Z(元)	Z/Z_0
$\Gamma_1=1$	2%	1588280	1.0065	1604940	1.0170	161500	1.0240
	5%	1603640	1.0162	1645290	1.0426	1672646	1.0600
	10%	1629240	1.0324	1712540	1.0852	1767252	1.1199
$\Gamma_1=3$	2%	1590680	1.0080	1607340	1.0186	1618200	1.0255
	5%	1606040	1.0177	1647690	1.0441	1674886	1.0614
	10%	1631640	1.0340	1714940	1.0868	1769332	1.1212
$\Gamma_1=5$	2%	1613900	1.0227	1630700	1.0334	1641100	1.0400
	5%	1629300	1.0325	1671200	1.0590	1697200	1.0755
	10%	1654900	1.0487	1738800	1.1018	1790800	1.1348
$\Gamma_1=7$	2%	1614600	1.0232	1631700	1.0340	1642400	1.0408
	5%	1630000	1.0329	1672700	1.0600	1699400	1.0769
	10%	1655600	1.0491	1741000	1.1033	1794300	1.1371

　　由表 6-13 可知:(1)解的保守性随着控制水平参数 Γ_1、Γ_2 的增加而增强,当扰动比例相同时,总的费用随着控制水平参数的增加;决策者可根据其对不确定风险的偏好程度决定控制水平参数 Γ_1 和 Γ_2,进而决定应急资源配置方案。(2)当控制水平相同时,随着需求扰动比例增加,所需的总费用相应增加,这就意味着为抗衡更大的不确定性所付出的代价。表 6-13 中 Z/Z_0 的数值表明模型所得解的鲁棒性比较好。

　　另外,作为示例,我们在表 6-14 中给出了当需求扰动比例为 5%,控制水平参数 $\Gamma_2=3$ 时的鲁棒优化结果,其中 Z 为此时模型的目标函数值,Z/Z_0 表示相应扰动比例及控制水平参数下所得目标函数值与确定性情况目标函数值的比,用于衡量所得解的鲁棒性。

表 6-14　鲁棒配置方案 x_i($\Gamma_2=3$,扰动比例为 5%)

Γ_1	顶点				Z	Z/Z_0
	2	4	5	7		
1	280	380		320	1645290	1.0426
2	280	380		320	1647690	1.0441
3	280	380		320	1647690	1.0441

Γ_1	顶点				Z	Z/Z_0
	2	4	5	7		
4	280	380		320	1647690	1.0441
5	280	238.5458	136.0613	320	1671200	1.0590
6	280	239.3315	135.3234	320	1672700	1.0600
7	280	239.3315	135.3234	320	1672700	1.0600

由表 6-14 可知,当控制水平参数 $\Gamma_1 \leqslant 4$ 时,应急资源的灾前配置情况一致,都配置于 2、4、7 三处,配置数量与确定性情况时一样。由解的情况可知:当 $\Gamma_1 = 4$ 时,交通道路中断的最坏情况是 A、B、C、D 这四条道路中断,而当控制水平 $\Gamma_1 = 5$ 时,道路中断的最坏情况是 A、B、C、D、E 这五条道路中断。因此,原来顶点 4 处的一部分应急资源由于道路中断而需重新配置,最终当控制水平参数 $\Gamma_1 \geqslant 5$ 时增加了顶点 5 处的应急资源配置。

6.3.6 小 结

考虑自然灾害导致交通路网可能中断情况下的应急资源配置决策,需要根据道路中断的不确定性能否用随机变量描述来决定应用随机规划方法或是鲁棒优化方法,其中鲁棒优化方法适合于道路中断难以用随机变量形式来表示,而只知道可能中断的道路集合的情形。可调整鲁棒优化通过将道路中断的数量以及应急需求量用控制参数来表示,可以对应急资源在灾前进行合理配置,以最小化道路中断最坏情景对于应急救援的影响。

7 | 基于出救效率的道路保护决策

7.1 引 言

一般而言,一个区域内应急服务设施的出救效率取决于两个重要因素:一是应急服务设施的选址,二是该区域的交通网络状况。一方面,合理的选址可以使得应急服务设施与需求点的距离不会太过遥远,从而面临应急需求时可以及时出救。另一方面,由于许多自然灾害如地震、山体滑坡、泥石流、山洪等常常造成应急服务设施与受灾地区之间的道路中断,严重影响应急服务设施的出救效率。一个典型例子为 2008 年汶川大地震中,通往震中汶川的道路由于地震全线中断,西线 317 国道路经过昼夜奋战在 5 月 15 日抢通,从而使得全程近 700 千米由成都到达雅安,经小金到马尔康,走理县直达汶川的西线绕行方案成为第一条到达灾区震中汶川的公路通道。

针对第一个因素,学者们已经就应急服务设施的选址问题进行了多方面的研究。而对于第二个因素,考虑自然灾害造成道路中断进而影响应急救援的相关研究目前还相对较少。由于政府部门对于交通基础设施建设的投入中有一部分是对现有交通网络道路的翻新改造,如果在道路翻新改造过程中用防护加固等措施对道路地质隐患部位进行处理,则可以避免某些自然灾害造成道路中断的可能性,因而提高应急服务设施的出救效率。本节在区域中应急服务设施的位置确定的前提下,结合道路的翻新、修复成本以及应急出救效率等因素,利用情景分析方法以及鲁棒优化方法来研究有限资金投入限制下的道路翻新保护策略问题,其中具有中断隐患的道路信息可以由地质部门勘察获得,再由历史统计数据以及专家分析等方法,取得今后一段时期内道路可能由于各种自然灾害而中断的情景概率进行研究。

7.2 基于随机规划的路网保护决策

7.2.1 问题描述

给定区域内的交通网络及应急服务设施的位置,定义该区域内应急服务设施的应急出救效率为区域内所有需求点到离其最近应急服务设施的距离之和。现从应急出救效率角度考虑某个地区针对自然灾害影响交通网络的道路翻新策略问题,假设未来一段时期内发生的自然灾害将造成区域原有的交通网络中的部分道路中断。考虑道路中断的各种可能情景模式,在灾害发生之前,若对可能中断的道路进行翻新,则此道路将不会中断,由于道路中断后将对现有的应急设施向需求点提供服务的最小出救距离产生影响,从而在考虑交通网络道路翻新决策过程中必须考虑交通中断对于应急出救效率的影响因素。

模型相关参数设置如下:

$G(M,A)$:所研究地区的交通网络图,其中 M 为顶点集(所在地区的需求点集),A 表示网络图中的边集;

N:现有的应急服务设施所在点集,$N \subset M$;

$\bar{A}$:可能受自然灾害影响而产生中断的道路集合,$\bar{A} \subset A$;

C:进行道路翻新预算的总额限制;

c_a:对道路 a 进行翻新所需成本,$a \in \bar{A}$;

d_a:当道路 a 因灾害中断后对其进行修复所需成本,$a \in \bar{A}$;

Ξ:因灾害产生的各种道路中断情景模式集合;

ξ_k:第 k 种情景模式,$\xi_k \in \Xi$;

p_k:第 k 种情景模式 ξ_k 所对应的概率,$\xi_k \in \Xi$;

θ_{ka}:第 k 种情景模式 ξ_k 下道路 a 的中断情况,若道路 a 中断,其值为 1,否则其值为 0;

$x=(x_a)_{a \in \bar{A}}$:道路翻新策略向量,当对道路 a 进行翻新时,其值为 1,否则其值为 0;

μ:成本与应急出救效率之间的权衡系数;

$A(\xi_k,x)$:当翻新策略为 x 时在第 k 种情景模式 ξ_k 下的道路集合,$A(\xi_k, x) \subseteq A$;

ω_{ij}:边 (i,j) 对应的权(距离),$(i,j) \in A$。

7.2.2 模型构建

根据上述问题描述与参数与变量设置,基于应急出救效率的交通网络道路翻新问题可利用随机规划方法建模成如下两阶段模型:

$$\min_{x_a} z(x) = \sum_{a \in \bar{A}} c_a x_a + \sum_{\xi_k \in \Xi} p_k \left[\sum_{a \in \bar{A}} \theta_{ka} (\theta_{ha} - x_a) d_a \right] + \mu \sum_{\xi_k \in \Xi} p_k \left\{ \sum_{t \in M} \left[\min_{s \in N} T_{st}(\xi_k, x) \right] \right\}$$

(7-2-1)

$$\text{s. t.} \quad \sum_{a \in \bar{A}} c_a x_a \leqslant C \tag{7-2-2}$$

$$x_a \in \{0, 1\}, a \in \bar{A} \tag{7-2-3}$$

这里

$$T_{st}(\xi_k, x) := \min \sum_{(i,j) \in A(\xi_k, x)} \omega_{ij} y_{ij} \tag{7-2-4}$$

$$\text{s. t.} \sum_{(i,j) \in A(\xi_k, x)} y_{ij} - \sum_{(i,j) \in A(\xi_k, x)} y_{ji} = \begin{cases} 1, i = s \\ 0, i \neq s, t \\ -1, i = t \end{cases} \tag{7-2-5}$$

$$y_{ij} \in \{0, 1\} (i, j) \in A(\xi_k, x) \tag{7-2-6}$$

说明:式(7-2-1)中第一项为翻新成本,第二项为考虑各种可能情景下的灾后道路修复成本的期望值,第三项则为基于道路中断情景及翻新策略共同作用产生的交通网络下的出救效率期望值,其中出救效率定义为所有需求点到与其最近的应急服务设施的距离之和;式(7-2-2)表示事前的道路翻新成本受翻新预算总额限制;式(7-2-3)表示翻新策略向量为 0−1 向量;式(7-2-4)~(7-2-6)为经典的求顶点 s, t 之间的最短路径的模型,注意该模型中的交通道路网络为道路中断情景 ξ_k 及翻新策略 x 共同作用之后得到。

7.2.3 算法设计

前面所建立的模型为两阶段模型,其中第二阶段模型为给定翻新策略以及某种路径中断情景时,求这两者共同决定的交通网络下的应急设施与需求点之间的最短路径,式(7-2-1)中第三项即为所有需求点与应急设施间的最短路径总和的期望值乘以权重系数,可看作是关于翻新策略 x 的一个函数值,由于最短路径问题式(7-2-4)~(7-2-6)依赖于由翻新策略 x 及路径中断情景共同形成的交通网络,因而可知最多需要计算 $|\Xi| \cdot 2^{|\bar{A}|} \cdot N \cdot M$ 多次最短路径问题,因此当问题规模增大时所需的计算量将呈指数增长。然而仔细考察由翻新策略与灾害情景共同决定的道路中断情景,可以发现其中许多道路中断情景是重复出现的,因此在面临某种道路中断情景之时,若该情景在之前计算过程中已经出现过,则可以利用原有结果而无须重新计

算。下面我们结合保留已计算道路中断情景集结果并进行逐步扩展的思想设计了如下模拟退火算法：

Step1：输入交通网络 $G(M,A)$ 以及 $N,\overline{A},C,c_a,d_a,\xi_k,p_k,\theta_{ka},\mu$ 等初始数据；初始化模拟退火算法参数：T_0,T_{end},r；记满足 (7-2-2)、(7-2-3) 两式的翻新策略集合为 X，随机取 $x_0 \in X$ 为初始道路翻新策略。

Step2：由翻新策略 x_0 与道路中断的情景集 Ξ 得到实际中断情景集 $S_o：= \{\theta_{ka}(\theta_{ka} - x_0) \mid \xi_k \in \Xi\}$ 并对 S_o 中的元素进行唯一性操作，保证其中相同的情景只出现一次，记为已计算情景集 $\overline{S}_u$；利用图论中求固定点到任意点最短距离的 Warshall—Floyd 算法计算 $T_{st}(A)$，再计算所对应的出救效率集合 $\overline{F}_u：= \left\{ f(\overline{s}) = \sum_{t \in M} \left[\min_{s \in N} T_{st}(A \backslash \overline{s}) \right] \mid \overline{s} \in \overline{S}_u \right\}$；根据情景集 S_o 的情景概率 p_k，结合 $\overline{S}_u$ 和 $\overline{F}_u$ 以及 c_a,d_a 和 μ 计算出翻新策略 x_0 对应的目标函数值 $z(x_0)$；记 $f_{\min}：= z(x_0),x_{\min}：= x_0$。

Step3：判断是否有 $T < T_{end}$，若是则转 Step6；否则对 $x_{\min}$ 进行换位算子操作：任取 $x_{\min}$ 中的一个点位，将该点位前的部分连接到该点位后的部分，并判断新的翻新策略是否属于集合 X，若否就重复该操作；再对产生的新策略进行变异算子操作：任取其中的一个点位，将该点位的值进行 0—1 互换，同样判断新的翻新策略是否属于集合 X，若否就重复该操作；将通过换位算子及变异算子操作所得到新策略记为 x_1。

Step4：由道路中断的情景集 Ξ 得到实际中断情景集 $S_1：= \{\theta_{ka}(\theta_{ka} - x_1) \mid \xi_k \in \Xi\}$ 并对 S_1 中的元素进行唯一性操作，保证其中相同的情景只出现一次，记为 S_u^1；对于 S_u^1 中不属于已计算情景集 $\overline{S}_u$ 的情景计算出救效率 $F_u^1：= \left\{ f(\overline{s}) = \sum_{t \in M} \left[\min_{s \in N} T_{st}(A \backslash \overline{s}) \right] \mid \overline{s} \in S_u^1 \backslash \overline{S}_u \right\}$，其中计算 $T_{st}(A \backslash \overline{s})$ 时嵌入了图论中求固定点至任意点最短距离的 Warshall-Floyd 算法；记已计算情景集 $\overline{S}_u：= \overline{S}_u \bigcup S_u^1$，已计算情景集对应出救效率集合为 $\overline{F}_u：= \overline{F}_u \bigcup F_u^1$；根据情景集 S_1 的情景概率 p_k，结合 $\overline{S}_u$ 和 $\overline{F}_u$ 计算出翻新策略 x_1 对应的目标函数值 $z(x_1)$。

Step5：若 $z(x_1) < f_{\min}$，则令 $f_{\min}：= z(x_1),x_{\min}：= x_1$，否则任取随机数 $rand \in [0,1]$，判断是否有 $\exp\left(-\dfrac{z(x_1) - f_{\min}}{T}\right) > rand$，若是则令 $f_{\min}：= z(x_1),x_{\min}：= x_1$ 否则不变，更新 $T：= T \cdot r$ 转 Step3。

Step6：输出最优解 $x_{\min}$ 和最优目标函数值 $f_{\min}$，算法终止。

说明：① 在实际中断情景 S_o,S_1 计算过程中包含着许多重复的道路中断情景,因此将已计算情景集 $\bar{S}_u$ 记录下来可以直接调用已有情景结果,避免大量重复计算;② 算法中结合图论中求固定点至任意点最短距离的 Warshall-Floyd 算法而不是用求两点间最短距离的 Dijkstra 算法可以有效提高算法的计算效率;③ 翻新策略 x 是一个 $0-1$ 向量,通过所设计的换位算子和变异算子操作可以产生相应的邻域解。

7.2.4 数值计算

例 7-1　某地区共有 24 个需求点,各个需求点之间的交通网络图如图 7-1所示,该区域中现有两个应急服务设施位于节点 9、22,每个需求点都由离其最近的应急设施提供服务;各条边上的数字为该边所示道路的长度(单位:km)。

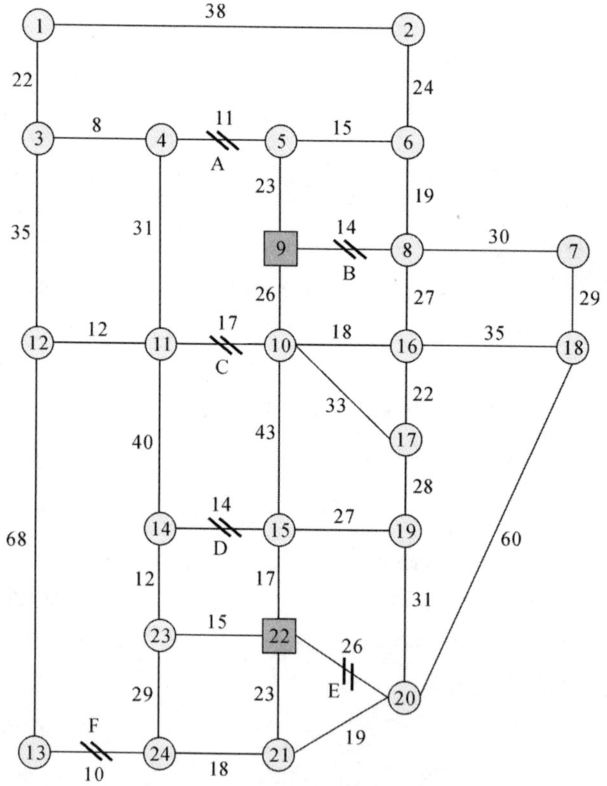

图 7-1　交通网络及可能中断路径图

在交通网络中的道路未有任何中断的情况下,可计算得到此时交通网络所对应的应急出救效率(所有需求点到其最近的应急设施距离之和)为

$\sum\limits_{t \in M}\left[\min\limits_{s \in N} T_{st}(A)\right] = 852$。现设该交通网络中有 6 条道路可能因遭受自然灾害而中断,在图 7-1 用大写字母 A~F 表示这 6 条道路,各条道路所需翻新成本、中断后重新修复所需成本以及中断的概率如表 7-1 所示,假设各条道路中断的随机事件相互独立,可用于道路翻新的资金限额为 $C = 100000$(元)。

表 7-1　交通网络边权重及各项参数表

中断路径	A	B	C	D	E	F
翻新成本(元)	20000	18500	34500	35000	12500	25500
修复成本(元)	80000	78500	104500	125000	50000	100500
中断概率	0.3	0.15	0.28	0.45	0.33	0.48

由于道路 A~F 各自中断的概率已知,而文中假设各条道路中断的随机变量相互独立,因而可知道路中断的情景模式共有 $2^6 = 64$ 种;事实上,各条道路中断的随机变量相互独立的假设仅仅是为了便于得到情景模式相应的概率,去掉这一假设直接给出道路中断的各种可能情景模式一样可以按文中模型及算法进行求解。根据 A~F 的中断概率,可以得到 64 种情景所对应的中断道路情况及相应的概率,例如:设 ξ_k 表示道路 A、C 同时中断的情景,则该情景发生的概率为:

$$p_A p_C (1 - p_B)(1 - p_D)(1 - p_E)(1 - p_F) = 0.01368$$

当 $\mu = 100$ 时,一方面根据文中所设计的算法利用 Matlab2010a 编程计算,模拟退火算法的参数设置如下:初始温度 $T_0 = 100$,终止温度 $T_{end} = 0.01$,温度下降速率 $r = 0.9$。另一方面,为了对算法进行比较,我们还用商业软件 CPLEX 12.5 对模型直接编程进行了计算。两种方法各自进行 10 次随机计算,所得最优解完全一致,均为 $x^* = [1,0,0,1,1,1]$,即对道路 A、D、E 和 F 进行翻新;目标函数值为 $z^* = 222410$。所需计算时间等结果见表 7-2 所示。表中第一行为 CPLEX 直接编程所用计算时间,第二行为本书算法计算所用时间,第三行为本书算法计算过程找到最优解时已计算情景集 $\bar{S}_u$ 所包含元素个数。算法运行的平台为 Dell 笔记本电脑,具体配置:CPU 为 i3 1.80GHz,内存 4GB,硬盘为 128G 闪存盘。

表 7-2　计算时间对比表(单位:秒,CP 为 CPLEX,SA 为本书算法)

	1	2	3	4	5	6	7	8	9	10
CP	3.2419	3.2020	3.0138	3.0159	3.0147	3.0462	3.0321	3.0041	3.0123	3.1968
SA	2.2604	2.5087	2.8577	2.5992	2.3108	2.2439	2.2786	2.5144	2.0037	2.0495
$\lvert \bar{S}_u \rvert$	36	38	46	44	37	29	29	42	27	30

从表 7-2 所列数据可知 CPLEX 所需平均计算时间为 3.0780(秒)，而本书算法所需平均计算时间为 2.3627(秒)，本书算法比 CPLEX 所需平均计算时间要减少 23.24％。该数值例子中根据灾害情景以及所有道路翻新策略共同决定的道路中断情景共有 64 种，从表 7-2 第三行 $|\overline{S}_u|$ 在各次随机计算中的值可以看出，所计算的道路中断情景数都要低于总可能情景数，因此本书将模拟退火算法与已计算情景集相结合来减少重复的情景计算是合理有效的，这也是本书算法计算时间优于 CPLEX 的原因之一。由于 10 次随机计算全部得到同一个最优解 $x^* = [1,0,0,1,1,1]$，因此该算法对于求解模型具有很好的稳定性，其中一次模拟退火算法迭代过程如图 7-2 所示。

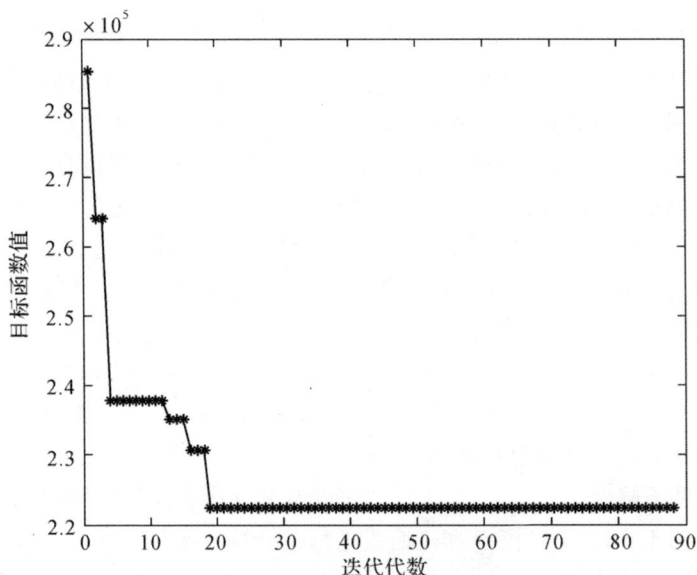

图 7-2 模拟退火算法迭代过程

我们对于代表应急出救效率重要程度的系数 μ 的不同取值进行了计算（为了计算可行，μ 的取值均为整数），结果表明对于该系数不同的取值，道路翻新最优策略最终归结为三种情况，具体如表 7-3 所示。

表 7-3 最优解

μ 的取值	最优解	A	B	C	D	E	F	翻新成本(元)	修复成本期望值(元)	出救效率期望值
$\mu \leqslant 757.1$		1	0	0	1	1	1	93000	41035	883.77
$757.1 < \mu \leqslant 2150.2$	x^*	1	1	0	1	0	1	99000	45760	869.6
$\mu > 2150.2$		1	1	1	0	0	1	98500	72750	857.28

从表 7-3 中可以看出,在翻新成本受预算总额限制的条件下,当体现出救效率重要性的系数 μ 增大时,出救效率的期望值将减小,与此同时修复成本的期望值将会增大。决策者可根据成本及应急出救效率的权衡决定采用何种翻新策略。

由于道路受中断的随机性,决策者可能会采用观望策略(wait and see strategy),即事先不做任何道路翻新工作,而是等某种道路中断的情景发生后再进行修复,下面将道路翻新策略与观望策略进行比较,由于案例中共可生成 64 种情景且 μ 在三个不同区间时所对应的最优翻新策略不同,因而我们分别取系数 μ 为 500、1500、2500,然后比较两种策略在各种情景下的成本如图 7-3、图 7-4 和图 7-5 所示。

另外由于自然灾害的随机性,案例中涉及的各种道路中断的情景都有可能出现,因而对于每一个给定的 μ 以及相应的策略,两种极端情景(最坏情景与最好情景)的成本之差可以表示该策略适应多种情景的稳定性,图 7-6 给出了不同 μ 取值情况下两种策略的稳定性比较。

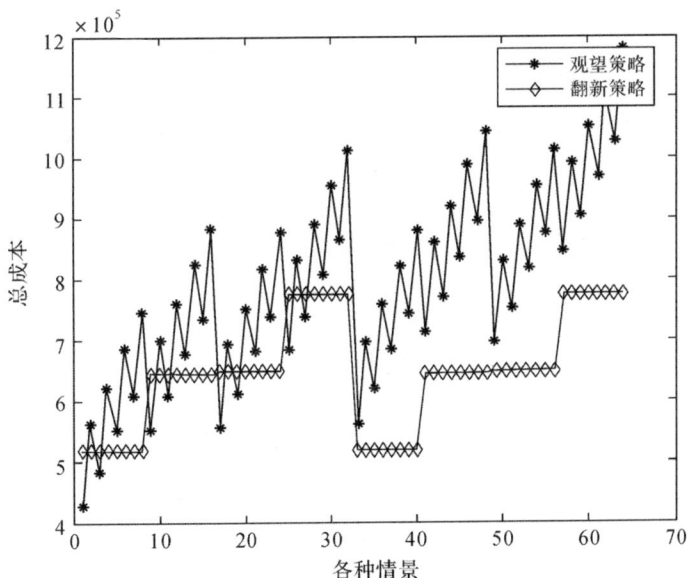

图 7-3　$\mu = 500$ 两种策略比较

由图 7-5 可知,不论 μ 取怎样的值,道路翻新策略所需的成本在绝大部分情景下都远远低于观望策略所需的成本,而且当 μ 的取值增大时,两种策略所需成本之差随之进一步扩大,这是由于道路翻新策略相比观望策略而言具有更好的应急救援效率,因而当应急救援效率所占权重增大时,会进一

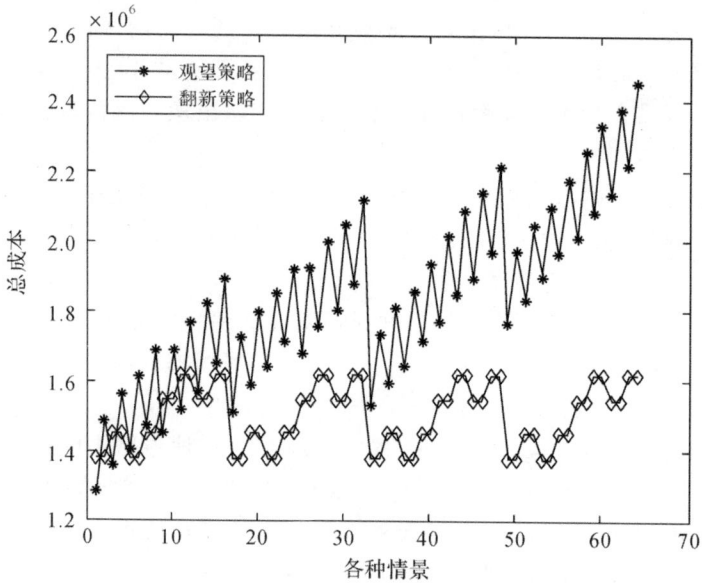

图 7-4 $\mu = 1500$ 时两种策略比较

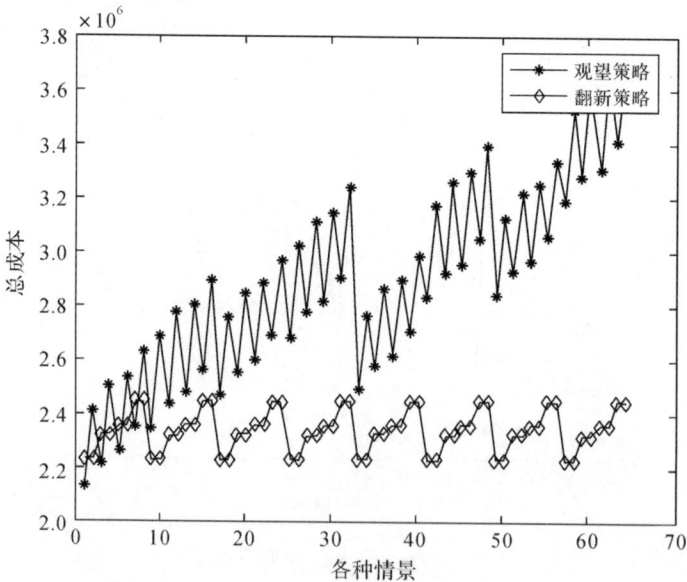

图 7-5 $\mu = 2500$ 时两种策略比较

步加大两种策略的成本之差。因此从所需成本的角度而言,比起观望策略翻新策略具有明显的优势。另外,由图 7-6 可知,等待策略的稳定性随着 μ 的增加而变大,而翻新策略的极端情景成本之差呈现三段式,这恰恰与翻新

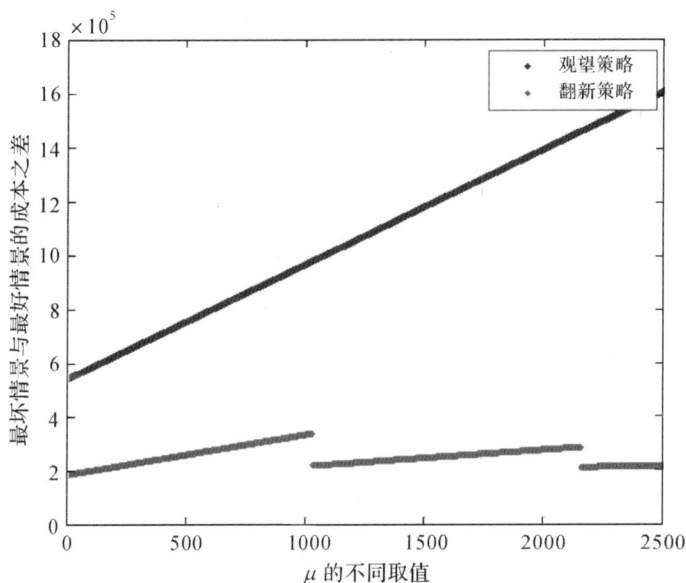

图 7-6　不同 μ 时两种策略稳定性比较

　　策略随 μ 的不同而有三个不同的方案一致,并且翻新策略极端情景的成本之差随着 μ 的增加而呈现增长减缓的趋势,因而本书的模型所得翻新策略相比观望策略而言,在稳定性方面也具有明显的优势。

　　本书中的模型将应急出救效率定义为所有需求点到离其最近的应急服务设施距离之和,当然也可以用另外方式定义应急出救效率,如用所有需求点到最近应急服务设施距离的最大值作为应急出救效率,不论以何种形式定义应急出救效率,只需在目标函数中作相应的修改即可。道路翻新通常都是针对某个计划期而言,如果能够得到该计划期内自然灾害导致路径中断各种情景的相应概率,则都可用本书模型求解类似问题,并可为有关决策部门针对未来一段时期内对于区域内交通网络进行道路翻新决策提供参考。

7.2.5　小　结

　　从网络优化的角度而言,一个地区的应急服务设施出救效率取决于两个重要因素:一是应急服务设施的位置,二是该地区的交通网络条件;在不考虑新增应急服务设施的情况下,原有的应急服务设施位置都是已经确定的,因而当自然灾害导致该地区交通网络中的部分道路中断时必然会降低应急服务设施的出救效率。在给定的时间周期以及可用于道路翻新的预算总额前提下,研究交通网络中道路可能受自然灾害中断情景下的道路翻新改造策略,结合道路翻新改造成本、中断道路的事后修复成本以及现有应急服务设施的应急出救效率,建立了基于应急出救效率的道路翻新优化模型并设计了求解该模型的模拟退火算法,通过数值试验表明了模拟退火算法的有效性,并对道路翻新策略与观望策略进行了多方面的比较,结果表明所得道路翻新策略在成本与稳定性两方面都明显优于观望策略。

7.3 基于鲁棒优化的路网保护决策

7.3.1 问题描述

考虑某个地区针对自然灾害的交通网络保护问题时,也要考虑到未来一段时期内发生的自然灾害可能会阻断区域现有交通网络中的部分道路。如果在灾害发生之前对可能阻断的道路投入资源进行了保护,则此道路在考虑的时间周期内不会受灾害影响而阻断,由于道路阻断可能导致应急设施出救时车辆绕行,从而在考虑交通网络道路保护策略过程中不但要考虑保护成本与灾后修复成本,还必须考虑交通阻断对于应急出救效率的影响因素。由于灾害对道路阻断的可能情景具有比较大的不确定性,因此在灾害防御阶段进行的道路保护策略必须要考虑到最坏的情景,以应对各种可能的灾害影响。

模型相关参数设置如下:

$G(M,A)$:所研究地区的交通网络图,其中 M 为顶点集(所在地区的需求点集),A 表示网络图中的边集;

N:现有的应急服务设施所在点集,$N \subset M$;

$\bar{A}$:可能受自然灾害影响而产生阻断的道路集合,$\bar{A} \subset A$;

C:进行道路翻新预算的总额限制;

c_a:对道路 a 进行翻新所需成本,$a \in \bar{A}$;

d_a:当道路 a 因灾害阻断后对其进行修复所需成本,$a \in \bar{A}$;

μ:成本与应急出救效率之间的权衡系数;

ω_{ij}:边 (i,j) 对应的权(距离),$(i,j) \in A$;

$x = (x_a)_{a \in \bar{A}}$:道路保护策略决策变量,当对道路 a 进行保护时,其值为1,否则其值为0;

$y = (y_a)_{a \in \bar{A}}$:描述道路阻断状态的 $0-1$ 向量,当道路 a 受灾害影响阻断时,其值为1,否则其值为0;

Γ:对于可能受灾害影响阻断的道路总数上限的估计,$\Gamma \in \{1,\cdots,|\bar{A}|\}$。

7.3.2 模型构建

定义 7-1 设由道路保护策略 x 与道路阻断情景 y 共同决定的交通路网连通边集为 $\boldsymbol{A}(x,y)$，则区域中所有需求点到离其最近的应急设施点的距离之和定义为该区域的应急出救效率：

$$E_f(\boldsymbol{A}(x,y)) = \sum_{t \in M}\left[\min_{s \in N} T_{st}(\boldsymbol{A}(x,y))\right] \tag{7-3-1}$$

则基于应急出救效率的交通路网保护策略问题可建模成如下鲁棒模型：

$$\min z_\Gamma(x) = \sum_{a \in \bar{A}} c_a x_a + \max_{y \in Y_\Gamma}\left[\sum_{a \in \bar{A}} y_a(y_a - x_a)d_a + \mu E_f\left[\bar{\boldsymbol{A}}_x \bigcup (\boldsymbol{A}\backslash \bar{\boldsymbol{A}}_y)\right]\right\}$$

$$\tag{7-3-2}$$

$$(P1) \qquad \text{s. t.} \quad \sum_{a \in \bar{A}} c_a x_a \leqslant C, x_a \in \{0,1\}, \forall a \in \bar{A} \tag{7-3-3}$$

其中 $\bar{Y}_\Gamma = \left\{y \in \{0,1\}^{|\bar{A}|} \mid \sum_{a \in \bar{A}} y_a \leqslant \Gamma\right\}$ 表示决策者认为对因灾害影响导致阻断的道路总数不超过 Γ 时道路阻断的所有可能情景；给定某种灾前道路保护策略 $x, \bar{\boldsymbol{A}}_x = \{a \in \bar{A} \mid x_a = 1\}$ 表示该策略所保护的道路集合；给定灾害导致道路阻断的某种情景 $y \in \bar{Y}_\Gamma, \bar{\boldsymbol{A}}_y = \{a \in \bar{A} \mid y_a = 1\}$ 表示该情景对应的阻断道路集合。由前面两个集合的定义容易得到 $\bar{\boldsymbol{A}}_x \bigcup (\boldsymbol{A}\backslash \bar{\boldsymbol{A}}_y)$ 即为由受保护道路集合与可能的道路阻断集合共同决定的实际交通路网。式(7-3-2)所示目标函数由三部分组成，第一部分为道路保护成本；第二部分为由实际阻断道路灾后修复成本；第三部分为基于实际阻断情况下的应急出救效率，其中 μ 表示成本与应急出救效率两种不同因素之间的权衡系数，其中第二部分与第三部分合在一起取最大化，表明对于任何一种道路保护策略，我们都以该策略所面临的最坏灾害情景来衡量该策略的优劣。式(7-3-3)表示灾前保护成本不超过预算总额限制。另外，给定交通路网条件下的应急出救效率可由如下子问题确定：

$$T_{st}\left[\bar{\boldsymbol{A}}_x \bigcup (\boldsymbol{A}\backslash \bar{\boldsymbol{A}}_y)\right] := \min \sum_{(i,j) \in [\bar{A}_x \bigcup (A\backslash \bar{A}_y)]} \omega_{ij} y_{ij} \tag{7-3-4}$$

$$(P2) \qquad \text{s. t.} \sum_{(i,j) \in [\bar{A}_x \bigcup (A\backslash \bar{A}_y)]} y_{ij} - \sum_{(i,j) \in [\bar{A}_x \bigcup (A\backslash \bar{A}_y)]} y_{ji} = \begin{cases} 1, i = s \\ 0, i \neq s,t \\ -1, i = t \end{cases}$$

$$\tag{7-3-5}$$

$$y_{ij} \in \{0,1\}, (i,j) \in [\bar{\boldsymbol{A}}_x \bigcup (\boldsymbol{A}\backslash \bar{\boldsymbol{A}}_y] \tag{7-3-6}$$

说明：式(7-3-4)～(7-3-6)为经典的求顶点 s,t 之间的最短路径的模型，注意该模型中的交通路网对应的边集为 $\bar{\boldsymbol{A}}_x \bigcup (\boldsymbol{A}\backslash \bar{\boldsymbol{A}}_y)$，这是由道路阻断可能情景 y 及灾前道路保护策略 x 共同作用之后得到。

7.3.3　模型分析

为简便起见,对于给定道路保护策略 x,下面记 $f_x(y) = \sum\limits_{a \in \bar{A}} y_a(y_a -$
$x_a)d_a + \mu E_f(\bar{A}_x \bigcup (A \backslash \bar{A}_y))$,通过对所建模型进行分析,可得如下结论:

定理 7-1　设给定的道路保护策略 x 满足(7-3-3)式,若 $|\bar{A}_x| + \Gamma \geqslant |\bar{A}|$,则

$$\max_{y \in \bar{Y}_\Gamma} f_x(y) = \sum_{a \in \bar{A} \backslash \bar{A}_x} d_a + \mu E_f(\bar{A}_x \bigcup (A \backslash \bar{A})) \tag{7-3-7}$$

证明:对于给定的 x 由 $\bar{A}_x$ 的定义可知,$\bar{A}_x \subseteq \bar{A}$,从而对于 $\forall y \in \bar{Y}_\Gamma$ 有:

(1) $\sum\limits_{a \in \bar{A}} y_a(y_a - x_a)d_a = \sum\limits_{a \in \bar{A} \backslash \bar{A}_x} y_a(y_a - x_a)d_a + \sum\limits_{a \in \bar{A}_x} y_a(y_a - x_a)d_a$

$$= \sum_{a \in \bar{A} \backslash \bar{A}_x} y_a(y_a - x_a)d_a \leqslant \sum_{a \in \bar{A} \backslash \bar{A}_x} d_a$$

(2)根据定义易知:$\bar{A}_y \subseteq \bar{A} \Rightarrow (A \backslash \bar{A}_y) \supseteq (A \backslash \bar{A}) \Rightarrow \bar{A}_x \bigcup (A \backslash \bar{A}_y) \supseteq \bar{A}_x$
$\bigcup (A \backslash \bar{A})$,

因此由（P2）定义可知:$T_{st}(\bar{A}_x \bigcup (A \backslash \bar{A}_y)) \leqslant T_{st}(\bar{A}_x \bigcup (A \backslash \bar{A}))$ 对于
任意的 $s \in N, t \in M$ 均成立,从而

$$E_f(\bar{A}_x \bigcup (A \backslash \bar{A}_y)) \leqslant E_f(\bar{A}_x \bigcup (A \backslash \bar{A}));$$

由(1)、(2)可知,对于 $\forall y \in \bar{Y}_\Gamma$ 有:

$$\max_{y \in \bar{Y}} f_x(y) \leqslant \sum_{a \in \bar{A} \backslash \bar{A}_x} d_a + \mu \sum_{t \in M} \left[\min_{s \in N} T_{st}(\bar{A}_x \bigcup (A \backslash \bar{A})) \right].$$

现令 $y_a^* = \begin{cases} 1, a \in \bar{A} \backslash \bar{A}_x, \\ 0, a \in \bar{A}_x, \end{cases}$ 显然 $\sum\limits_{a \in \bar{A}} y_a^* = |\bar{A}| - |\bar{A}_x| \leqslant \Gamma$,即 $y^* =$
$(y_a^*)_{a \in \bar{A}} \in \bar{Y}_\Gamma$,而

$$\sum_{a \in \bar{A}} y_a^*(y_a^* - x_a)d_a + \mu E_f(\bar{A}_x \bigcup (A \backslash \bar{A}_{y^*})) = \sum_{a \in \bar{A} \backslash \bar{A}_x} d_a + \mu E_f(\bar{A}_x \bigcup (A \backslash \bar{A})).$$

因此有式(7-3-7)成立,定理得证。

定理 7-2　设给定的 x 满足(7-3-3)式,若 $|\bar{A}_x| + \Gamma < |\bar{A}|$,则

$$\max_{y \in \bar{Y}_\Gamma} f_x(y) = \max_{y \in \hat{Y}_{\Gamma,x}} f_x(y) \tag{7-3-8}$$

其中 $\hat{Y}_{\Gamma,x} = \left\{ y \in \{0,1\}^{|\bar{A}|} \mid \sum\limits_{a \in \bar{A} \backslash \bar{A}_x} y_a = \Gamma \text{ 且 } \bar{A}_y \subseteq (\bar{A} \backslash \bar{A}_x) \right\}$。

证明:显然要证明式(7-3-8)成立,只须证明 $\forall y \in \bar{Y}_\Gamma, \exists y' \in \hat{Y}_{\Gamma,x}$,使得
$f_x(y) \leqslant f_x(y')$。由条件 $|\bar{A}_x| + \Gamma < |\bar{A}|$ 可知 $|\bar{A}| - |\bar{A}_x| - |\bar{A}_y \backslash \bar{A}_x| >$
$\Gamma - |\bar{A}_y \backslash \bar{A}_x|$。

由此可得 $|(\bar{A} \backslash \bar{A}_x) \backslash (\bar{A}_y \backslash \bar{A}_x)| > \Gamma - |\bar{A}_y \backslash \bar{A}_x|$,从而存在集合 $S \subseteq$
$(\bar{A} \backslash \bar{A}_x) \backslash (\bar{A}_y \backslash \bar{A}_x) = \bar{A} \backslash (\bar{A}_x \bigcup \bar{A}_y)$ 满足 $|S| = \Gamma - |\bar{A}_y \backslash \bar{A}_x|$。

现令 $y'_a = \begin{cases} 1, a \in (\overline{A}_y \setminus \overline{A}_x) \cup S \\ 0, a \in \overline{A} \setminus [(\overline{A}_y \setminus \overline{A}_x) \cup S] \end{cases}$，则可知 $\sum\limits_{a \in \overline{A} \setminus \overline{A}_x} y'_a = \Gamma$ 且有：

$\overline{A}_{y'} = (\overline{A}_y \setminus \overline{A}_x) \cup S \subseteq (\overline{A}_y \setminus \overline{A}_x) \cup [(\overline{A} \setminus \overline{A}_x) \setminus (\overline{A}_y \setminus \overline{A}_x)] = (\overline{A} \setminus \overline{A}_x)$，

因此 $y' \in \hat{Y}_{\Gamma,x}$。下证 $f_x(y) \leqslant f_x(y')$，首先有：

(1) $\sum\limits_{a \in \overline{A}} y_a(y_a - x_a)d_a = \sum\limits_{a \in \overline{A}_y \setminus \overline{A}_x} y_a(y_a - x_a)d_a = \sum\limits_{a \in (\overline{A}_y \setminus \overline{A}_x) \cup S} y_a(y_a - x_a)d_a$

$\leqslant \sum\limits_{a \in \overline{A}} y'_a(y'_a - x_a)d_a$；

其次由于 $\overline{A}_{y'} = (\overline{A}_y \setminus \overline{A}_x) \cup S \supseteq (\overline{A}_y \setminus \overline{A}_x)$，因而有

$\overline{A}_x \cup (\overline{A} \setminus \overline{A}_{y'}) \subseteq \overline{A}_x \cup [\overline{A} \setminus (\overline{A}_y \setminus \overline{A}_x)] = \overline{A}_x \cup (\overline{A} \setminus \overline{A}_y)$，

从而由 (P2) 定义可知：$T_{st}(\overline{A}_x \cup (\overline{A} \setminus \overline{A}_y)) \leqslant T_{st}(\overline{A}_x \cup (\overline{A} \setminus \overline{A}_{y'}))$ 对于任意的 $s \in N$

$t \in M$ 均成立，因此有：

(2) $E_f(\overline{A}_x \cup (A \setminus \overline{A}_y)) \leqslant E_f(\overline{A}_x \cup (A \setminus \overline{A}_{y'}))$；

结合 (1)、(2) 结果可知 $f_x(y) \leqslant f_x(y')$，定理得证。

7.3.4 算法设计

由于所建鲁棒优化模型可以看作一个需要结合 (P2) 对给定交通路网条件下求各点间最短路径的非线性背包问题，因此可知该问题是一个 NP 问题，目前对于 NP 问题比较有效的求解方法是智能算法。模拟退火算法借鉴了物理中固体物质的退火过程与组合优化问题之间的相似性，是基于 Monte-Carlo 迭代求解策略的一种随机寻优算法，该算法具有概率的全局优化性能并已得到广泛应用。本书选择模拟退火算法结合前述两个命题通过嵌入图论 Warshall-Floyd 算法设计了如下求解算法：

Step1：参数初始化：输入交通网络模型相关参数 $G(M,A), N, \overline{A}, C, c_a$, d_a, Γ, μ 等初始数据以及模拟退火算法参数：T, T_{end}, r；记满足 (7-3-3) 式的道路保护策略集为 X，随机取 $x_T \in X$ 为初始道路保护策略；令已计算情景集为 $\overline{Y}_u := \varnothing$，对应的情景目标集为 $\overline{S}_u := \varnothing, f_{\min} := \infty, x_{\min} := \varnothing$。

Step2：判断是否有 $T < T_{end}$，若是则转 Step6；否则计算当前道路保护策略 x_T 所对应的最坏情景：若 $|\overline{A}_{x_T}| + \Gamma \geqslant |\overline{A}|$，则由 (7-3-7) 式计算策略 x_T 的最坏情景 $\max\limits_{y \in \overline{Y}_\Gamma} f_{x_T}(y)$；否则，由 (7-3-8) 式计算最坏情景：对于 $\forall y \in \hat{Y}_{\Gamma,x_T}$，首先判断是否有 $y \in \overline{Y}_u$，若是则直接从 $\overline{S}_u$ 得到 $f_{x_T}(y)$，否则根据 (P2) 利用图论中求固定点到任意点最短距离的 Warshall—Floyd 算法计算 $T_{st}(A(x_T, y))$ 进而得到 $f_{x_T}(y)$；然后更新 $\overline{Y}_u := \overline{Y}_u \cup \{y\}, \overline{S}_u := \overline{S}_u \cup$

$\{f_{x_T}(y)\}$；最后得到最坏情景 $\max\limits_{y\in \bar{Y}_\Gamma}f_{x_T}(y)$。

Step3：计算 x_T 所对应的目标函数值 $z_\Gamma(x_T)$，若 $z_\Gamma(x_T)<f_{\min}$，则令 $f_{\min}:=z_\Gamma(x_T),x_{\min}:=x_T$ 转 Step5 否则转 Step4。

Step4：任取随机数 $\text{rand}\in[0,1]$，判断是否有 $\exp\left(-\dfrac{z_\Gamma(x_T)-f_{\min}}{T}\right)>$ rand，若是则令：

$$f_{\min}:=z_\Gamma(x_T),x_{\min}:=x_T,否则保持不变；$$

Step5：对于当前的最优保护策略 $x_{\min}$ 进行如下换位操作：任取 $x_{\min}$ 中的一个点位，将该点位前后的代码互换位置，并判断新的翻新策略是否属于集合 X，若否就重复该操作；再对产生的新策略进行变异操作：任取其中一个点位，将该点位的值进行 $0-1$ 互换，同样判断新策略是否属于集合 X，若否就重复该操作；更新 $T:=T\cdot r$，将得到的新策略记为 x_T 转 Step2。

Step6：输出最优解 $x_{\min}$ 和最优目标函数值 $f_{\min}$，算法终止。

说明：① 给定不同的道路保护策略 x_1,x_2，$\hat{Y}_{\Gamma,x_1}$，$\hat{Y}_{\Gamma,x_2}$ 中包含着一些重复的道路阻断情景，因此将已计算情景集 $\bar{Y}_u$ 记录下来可以避免大量重复计算；② 算法中，结合图论中求固定点至任意点最短距离的 Warshall-Floyd 算法而不是用求两点间最短距离的 Dijkstra 算法可以有效提高算法的计算效率；③ 翻新策略 x 是一个 $0-1$ 变量，通过所设计的换位和变异操作可以产生相应的邻域解。

7.3.5　数值计算

例7-2　某地区共有 24 个需求点，各个需求点之间的交通网络图如图 7-7 所示，该区域中现有两个应急服务设施位于节点 9、22，每个需求点都由离其最近的应急设施提供服务；各条边上的数字为该边所示道路的长度（单位：km）；现有 8 条道路存在受自然灾害影响而阻断的可能（图中用字母 A～H 表示），为了尽量规避道路阻断而造成的对成本与应急救援效率的影响，决策部门决定对可能阻断的道路进行加固保护措施，由于道路保护资金投入总额受到限制，如何寻求道路保护决策方案以便最大限度地减少极端损失？

在交通网络中的道路未有任何阻断的情况下，可计算得到此时交通网络所对应的应急出救效率（所有需求点到其最近的应急设施距离之和）为 $\sum\limits_{t\in M}\left[\min\limits_{s\in N}T_{st}(A)\right]=852$。该交通网络中 8 条道路可能阻断道路所需保护成本、阻断后重新修复所需成本如表 7-4 所示，可用于道路保护的资金限额为 $C=100000$（元）。

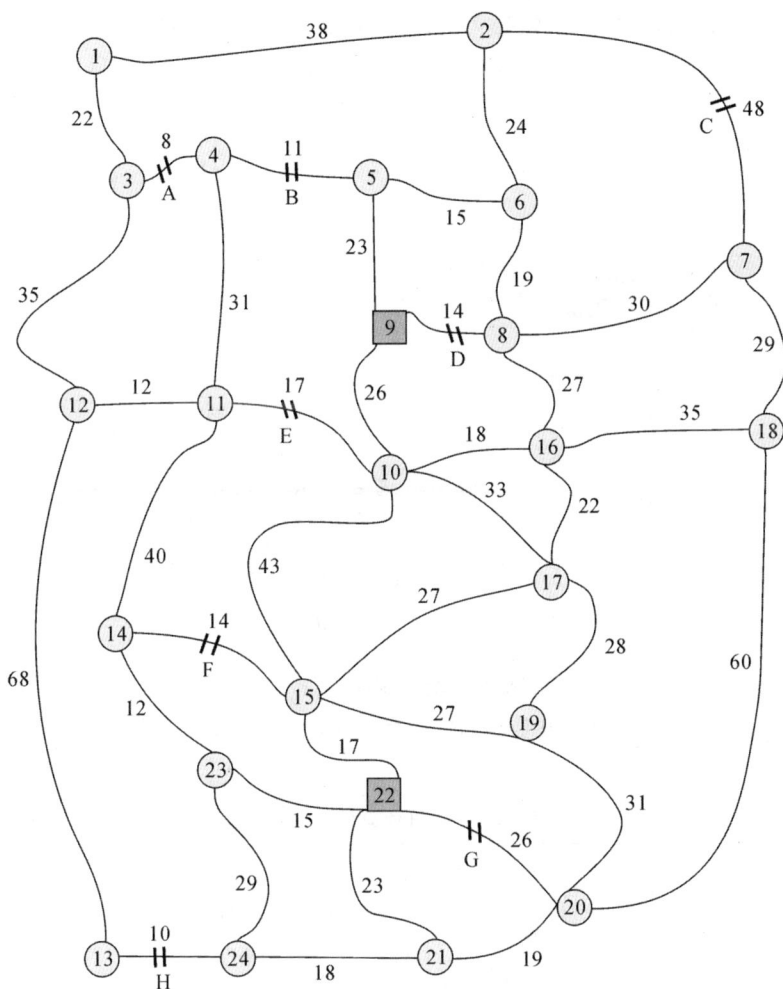

图 7-7 交通网络及可能阻断路径

表 7-4 可能阻断路径的成本参数

阻断路径	A	B	C	D	E	F	G	H
翻新成本(元)	20000	18500	54500	35000	12500	25500	15400	20500
修复成本(元)	80000	68000	105000	125000	50000	80500	65000	95800

根据文中所设计的算法利用 Matlab2010a 编程计算,模拟退火算法的参数设置如下:初始温度 $T_0 = 100$,终止温度 $T_{end} = 0.01$,温度下降速率 $r = 0.95$。为了验证算法的有效性,首先以 $\Gamma = 3$,$\mu = 100$ 为例进行了 10 次随机计算,结果 10 次计算所得道路保护策略完全一致,均为对道路 D 和 H 进行

保护,相应的最坏情景为道路 A, C, F 受灾害影响而阻断,最优目标函数值为 414100。一次典型计算过程的迭代进程如图 7-8 所示。

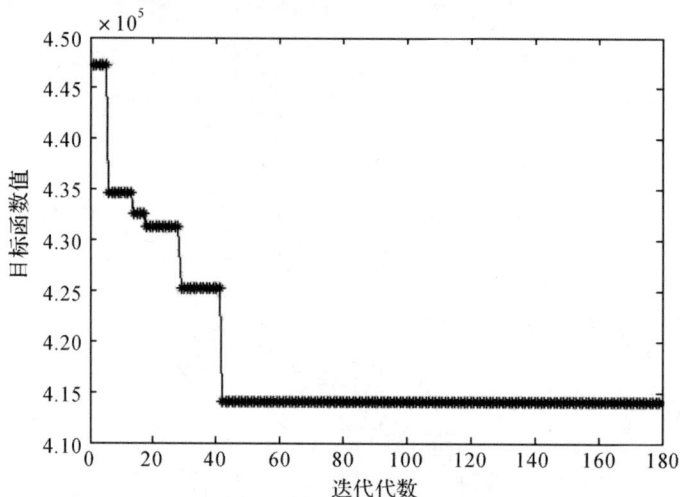

图 7-8　模拟退火算法迭代进程

对于该算例进行 10 次随机计算所用的 CPU 时间见表 7-5 所示,算法运行的平台为 Dell 笔记本电脑,具体配置:CPU 为 i3 1.80GHz,内存 4GB,硬盘为 128G 闪存盘。

表 7-5　10 次随机计算所用 CPU 时间　　　　　　　　　　（单位:秒）

计算次序	1	2	3	4	5	6	7	8	9	10
CPU 时间	3.2885	3.2809	3.4564	3.5245	3.5342	3.4749	3.4743	3.3844	3.4869	3.3380

然后我们针对不同的鲁棒控制参数 Γ(对阻断道路数量的上限估计),就成本与应急出救效率之间的权衡系数 μ 的不同取值利用本书算法进行了计算,其结果如表 7-6 所示。表中第 4 列"最坏情景"是指相对于所得最优保护策略时的最坏道路阻断情景。

表 7-6　不同 Γ 和 μ 的计算结果

Γ	权衡系数 μ	保护策略	最坏情景	保护成本	修复成本	出救效率
$\Gamma = 1$	$\mu \leqslant 175.8$	无	D	0	125000	957
	$175.8 < \mu \leqslant 712.8$	D	H	35000	95800	924
	$712.8 < \mu \leqslant 864.9$	D	B	35000	68000	963
	$864.9 < \mu \leqslant 1249.9$	A, B, D, H	C	94000	105000	852
	$1249.9 < \mu$	A, B, D, H	E	94000	50000	896

Γ	权衡系数 μ	保护策略	最坏情景	保护成本	修复成本	出救效率
$\Gamma = 2$	$\mu \leqslant 127.8$	无	C, D	0	230000	957
	$127.8 < \mu \leqslant 142.9$	无	D, H	0	220800	1029
	$142.9 < \mu \leqslant 316.5$	D	C, H	35000	200800	924
	$316.5 < \mu \leqslant 375$	D	A, H	35000	175800	1003
	$375 < \mu \leqslant 412.5$	D	B, H	35000	163800	1035
	$412.5 < \mu \leqslant 459.5$	D, H	B, C	55500	173000	963
	$459.5 < \mu \leqslant 693.2$	A, B, D, H	C, F	94000	185500	852
	$693.2 < \mu \leqslant 2500$	A, B, D, H	C, E	94000	155000	896
	$2500 < \mu$	A, B, D, H	E, G	94000	115000	912
$\Gamma = 3$	$\mu \leqslant 72.2$	D	A, C, H	35000	280800	1003
	$72.2 < \mu \leqslant 312.5$	D, H	A, C, F	55500	265500	931
	$312.5 < \mu \leqslant 340.9$	D, H	A, B, C	55500	253000	971
	$340.9 < \mu \leqslant 345.5$	D, H	B, C, E	55500	223000	1059
	$345.5 < \mu \leqslant 535.7$	A, B, D, H	C, F, G	94000	250500	868
	$535.7 < \mu \leqslant 968.8$	A, B, D, H	C, E, F	94000	235500	896
	$968.8 < \mu$	A, B, D, H	C, E, G	94000	220000	912
$\Gamma = 4$	$\mu \leqslant 164$	A, B, F, G, H	C, D, E	99900	280000	1001
	$164 < \mu$	A, B, D, H	C, E, F, G	94000	300500	912

　　从表 7-6 中可以看出如下结论：①对于给定的道路阻断数目估计上限值 Γ 而言，模型的目标函数值关于成本与应急出救效率之间的权衡系数 μ 呈分段线性关系；②当 Γ 和 μ 都比较小的时候，最优策略是不对任何道路进行灾前保护，这是因为此时阻断的道路数较少（最多两条）而且应急出救效率与成本的重要程度低，因此事先对道路加以保护并不能有效地降低极端情景时的损失；③对于给定的 Γ，当权衡系数 μ 不同时，同样的道路保护策略可能对应着不同的最坏情景；④当 $\Gamma \geqslant 4$ 时，由于灾前保护道路和最坏情景下的阻断道路已包含所有可能阻断道路，因此再增加阻断道路数的估计并不会对目标函数产生新的影响，因而 $\Gamma = 4,5,6,7,8$ 这五种情况时的鲁棒保护策略完全相同；⑤当 μ 比较大的时候，最优道路保护策略都是对道路 A, B, D，H 进行保护，这就意味着当应急出救效率与成本相比极为重要时，保护这 4 条道路可以使得整个交通网络从应急出救效率而言具有最大的抗灾性。

由于道路受灾害影响而阻断的不确定性,决策者可能会采用观望策略(wait-and see strategy),即事先不做任何道路保护工作,而是等某种道路阻断的情景发生后再进行修复。为了比较两种策略优劣,我们针对 Γ 的各种情形,记 $f_\Gamma = \max\limits_{y \in \bar{Y}_\Gamma}\left[\sum\limits_{a \in \bar{A}} y_a d_a + \mu E_f(A \backslash \bar{A}_y)\right]$ 为观望策略在最坏情景下的目标函数值,并记它与鲁棒最优保护策略 x^* 所对应的目标函数值 z_Γ^* 之差为:$Gap_\Gamma = f_\Gamma - z_\Gamma^*$;令权衡系数 μ 以 50 为步长从 0 变化至 1000,计算 Gap_Γ 的值,其结果如图 7-9 所示。

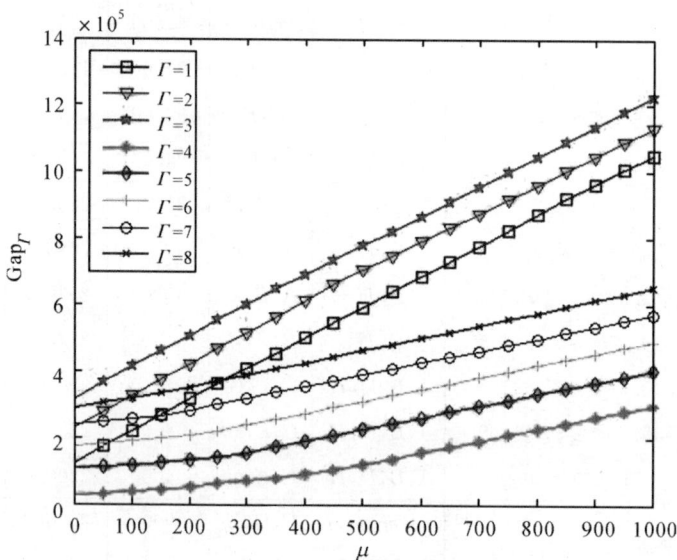

图 7-9　Gap_Γ 与权衡系数 μ 的关系图

由图 7-9 可知如下结论:①对于阻断道路数的任何估计值 Γ 而言,无论成本与应急出救效率之间的权衡系数 μ 取值如何,观望策略在最坏情景下的目标函数值都要大于鲁棒最优保护策略所对应的目标函数值;②当 Gap_Γ 随着 μ 的增加而单调增加时,说明当 μ 较大(即应急出救效率与成本而言更为重要)时应该尽量采取鲁棒保护策略对道路进行保护;③当 $\Gamma \leqslant 3$ 时 Gap_Γ 关于 μ 单调增加的幅度大于 $\Gamma \geqslant 4$ 时单调增加的幅度;④当权衡系数 μ 相同时,当 Γ 从 1 增加到 3 或从 4 增加到 8 时,Gap_Γ 均单调增加;⑤Gap_Γ 在 $\Gamma = 3$ 时最大而在 $\Gamma = 4$ 时最小,说明阻断道路数目的增加并不意味着鲁棒保护策略相对于观望策略优势的增加。

7.3.6 小 结

从自然灾害造成交通网络中道路阻断从而影响应急出救效率出发,结合保护成本、修复成本与应急出救效率建立了一个鲁棒优化模型来研究灾前防御阶段的道路保护策略,通过证明两个命题来对模型解的结构进行了一定的分析,并在此基础上设计了模拟退火算法进行求解。数值例子显示了算法的稳定性及其计算效率,另外还对保护策略与观望策略在最坏情景下的目标函数值进行了比较分析,分析结果表明:两种策略在最坏情景下的目标函数之差随着权衡系数 μ 的增加而单调增加,随着阻断道路数目估计值 Γ 呈分段单调递增的关系。本书模型所定义的应急出救效率是所有需求点到最近应急服务设施的最短距离之和,事实上如果对应急出救效率采用不同的定义(如所有需求点至最近应急服务设施距离的最大值),则只需在目标函数中作相应的修改即可。

8 │ 应急物资中转运输决策

8.1 引　言

近年来世界各国自然灾害频繁发生,对人类社会造成了非常大的损失,特别是地震灾害,由于具有自身破坏力强、难以预测等特点,造成的损失更是不计其数。如 2008 年我国的汶川地震,2010 年海地地震,2011 年日本地震等,都造成了大量的人员伤亡和非常巨大的经济损失。由于在自然灾害发生后如何对应急资源进行及时高效的调度是能否确保应急救援工作效果的关键之一,从而研究应急资源的调度成了应急管理领域的一个重点。

本章第一部分结合传统的点对点运输方式和基于 HUB 的中转运输方式(见图 8-1 所示),将设施定位与转运问题相结合,构建大规模应急救援物资联动调运中的中转网点定位—配给模型,并在分析模型特点的基础上,设计了一种基于整数编码的遗传算法,利用嵌入运输问题线性规划子算法进行求解,并用算例验证了算法的有效性。

本章第二部分内容通过类比地震受困伤员随时间变化的生存概率函数,引进受灾点对于应急物资运达时间的满意度函数,再结合直达与中转两种运输模式研究最大化满意度的应急物资中转运输问题,设计了嵌入运输问题线性规划子算法的改进遗传算法。

本章第三部分将设施定位与转运问题相结合,在分析大规模应急资源联动调运特点的基础上,利用区间型数据表达灾区需求的不确定性,建立了基于鲁棒优化的应急资源中转运输问题的二阶段定位—配给模型。通过将第二阶段的回溯模型线性化,提出了基于 Benders 分解的切平面算法。数据试验表明所建立的模型与算法可行的,能够较好地保证解的鲁棒性。

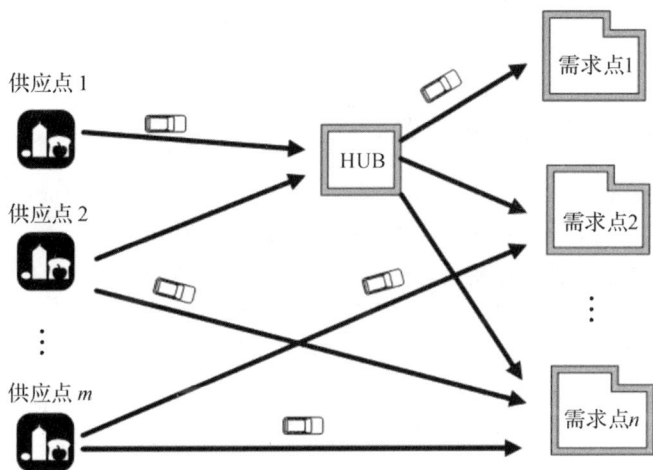

图 8-1　点对点与 HUB 中转混合运输方式示意图

8.2　应急物资中转运输问题的遗传算法

8.2.1　问题描述

在大规模突发事件应急物资调运的过程中，由于事发地点涉及的面比较广，而突发事件很可能使得受灾地区的交通受到破坏，因而往往在距离事发地点最近的火车站或飞机场附近建立一个或多外应急物资存放中心，再把多个供应点提供的应急物资运输到应急物资存放中心，然后再由公路、水路、直升机等分发到各应急需求点。本书将应急救援物资供应点分为两类：纯供应点和备选中转供应点。设有 m 个纯供应点和 n 个备选中转网点联运调动某类应急救援物资到 l 个受灾地点，需要从 n 个备选中转网点中选取若干个位置作为中转网点的地址，并分派每个受灾地点到一个特定的中转网点，同时考虑非线性中转作业费用，即纯供应点和未选中的备选中转网点的物资供应量到达选中的中转网点，与中转网点的物资供应量经共同中转作业后运输到受灾地点所产生的中转作业费用。大规模应急物资中转运输问题的定位－配给模型的目标是确定最优的中转网点数目及位置，并分派各中转网点的服务对象（受灾地点）使得运输成本和中转作业费用总和最小化。

建模之前作如下假设：①每个备选中转网点的中转作业变动费用函数已知；②纯供应点到各备选中转网点的单位运输成本以及各备选中转网点

之间的单位运输成本已知;③各供应点的物资供应量已知;④各受灾点的物资需求量已知;⑤备选中转网点至受灾点的单位运输成本已知。

8.2.2　参数与变量设置

M：应急物资纯供应点组成的集合,其中点的个数为 m 个;

N：备选中转网点组成的点集,其中点的个数为 n 个;

L：受灾点组成的点集,其中点的个数为 l 个;

S_i：应急物资供应点 i 的物资供应量, $i \in M \cup N$;

D_k：受灾点 k 的应急物资需求量, $k \in L$;

c_{ij}：供应点 i（包括纯供应点与备选中转网点）到备选中转网点 j 的单位运输费用, $i \in M \cup N, j \in N$;

d_{jk}：备选中转网点 j 到受灾点 k 的单位运输费用, $j \in N, k \in L$;

W_j：备选中转网点 j 的中转作业变动费用系数, $j \in N$;

a_j：备选中转网点 j 的流量指数且 $0 < a_j < 1, j \in N$;

$W_j(\bullet)^{a_j}$：备选中转网点 j 的中转作业变动费用为该点物资流量的函数,中转点的规模越大,单位中转作业变动费用越小, $j \in N$;

x_{ij}：物资供应点 i（包括纯供应点与备选中转网点）到备选中转网点 j 的物资运输量, $i \in M \cup N, j \in N$;

y_{jk}：备选中转网点 j 到受灾点 k 的物资运输量, $j \in N, k \in L$;

ω_{jk}：$0-1$ 变量,若受灾点 k 由中转网点 j 提供服务则取值为 1,否则取值为 0, $j \in N, k \in L$。

8.2.3　数学模型

数学模型（P1）

$$\min Z = \sum_{i \in M \cup N} \sum_{j \in N} c_{ij} x_{ij} + \sum_{j \in N} \sum_{k \in L} D_k d_{jk} \omega_{jk} + \sum_{j \in N} W_j \left(\sum_{k \in L} D_k \omega_{jk}\right)^{a_j}$$

$$\text{s. t.} \quad x_{ij} \leqslant S_i \left(\sum_{k \in L} \omega_{jk}\right), i \in M \cup N, j \in N \tag{8-2-1}$$

$$\sum_{j \in N} x_{ij} \leqslant S_i, i \in M \cup N \tag{8-2-2}$$

$$\sum_{i \in M \cup N} x_{ij} = \sum_{k \in L} D_k \omega_{jk}, j \in N \tag{8-2-3}$$

$$\sum_{j \in N} \omega_{jk} = 1, k \in L \tag{8-2-4}$$

$$x_{ij} \geqslant 0, \omega_{jk} \in \{0,1\}, i \in M \cup N, j \in N, k \in L \tag{8-2-5}$$

模型说明:模型（P1）中目标函数的第一项为供应点至中转点的运输费用,第二项为中转点至需求点的运输费用,第三项表示中转点的中转作业费用。

约束条件式(8-2-1)表示：若中转备选点 j 未被选择作为中转点，则 $\sum_{k \in L} \omega_{jk} = 0$，从而供应点 i 到备选中转点 j 的运输量 x_{ij} 为 0。约束条件(8-2-2)表示每个供应点的供应量限制。约束条件(8-2-3)表示每个中转点的物资平衡条件，即所接收的物资总量（包括自身原有物资量）等于输出的物资总量。约束条件(8-2-4)表示每个需求点只由一个中转点提供服务。这里从中转点到需求点的运输量并没有作为决策变量表示，因为它可以简单地表示为 $y_{jk} = D_k \omega_{jk}$。

8.2.4　算法设计

1. 编码方式及模型改写

对于上述大规模应急物资的中转运输问题，本书采用遗传算法进行求解，其中对于变量 ω_{jk} 而言，最直观的编码方式便是矩阵编码，亦即用 $[\omega_{jk}]_{n \times l}$ 表示备选中转点到需求点之间的一个定位配给关系，但是从式(8-2-4)可知，这样表示的矩阵中每一列都只有一个 1，其余都为 0，从而这种编码方式并不适合本模型。下面我们采用整数编码来表示这样的定位－配给关系，令 $\omega = [\omega_k]_{l \times 1}$，其中 ω_k 表示需求点 k 由第 ω_k 个备选中转点提供服务，$\omega_k \in N$。给定 ω，记 $R_j = \{k \mid \omega_k = j, k \in L\}, j \in N$ 则中转点集可以记为 $E(\omega) = \{j \mid R_j(\omega) \notin \varnothing\}$。利用整数编码形式以及所定义的中转点集，可将原来的模型（P1）改写成如下形式（P2）：

$$\min Z = \sum_{j \in E(\omega)} \sum_{k \in R_j(\omega)} D_k d_{jk} \omega_{jk} + \sum_{j \in E(\omega)} W_j \Big(\sum_{k \in R_j(\omega)} D_k \omega_{jk} \Big)^{a_j} + F(\omega)$$

$$\sum_{j \in E(\omega)} x_{ij} \leqslant S_i, i \in M \bigcup N \tag{8-2-6}$$

$$\sum_{i \in M \bigcup N} x_{ij} = \sum_{k \in R_j(\omega)} D_k \omega_{jk}, j \in E(\omega) \tag{8-2-7}$$

$$x_{ij} \geqslant 0, i \in M \bigcup N, j \in E(\omega) \tag{8-2-8}$$

$$\omega_k \in N, k \in L \tag{8-2-9}$$

从上述模型（P2）中可以看出，模型可以分解成下面的形式（P2－1）：

$$\min Z = \sum_{j \in E(\omega)} \sum_{k \in R_j(\omega)} D_k d_{jk} \omega_{jk} + \sum_{j \in E(\omega)} W_j \Big(\sum_{k \in R_j(\omega)} D_k \omega_{jk} \Big)^{a_j} + F(\omega) \tag{8-2-10}$$

s. t. $\qquad \omega_k \in N, k \in L \tag{8-2-11}$

这里 $F(\omega)$ 即为如下运输问题（P2－2）的最优目标函数值：

$$F(\omega) = \min \sum_{i \in M \bigcup N} \sum_{j \in E(\omega)} c_{ij} x_{ij} \tag{8-2-12}$$

$$\sum_{j \in E(\omega)} x_{ij} \leqslant S_i, i \in M \bigcup N \tag{8-2-13}$$

$$\sum_{i \in M \cup N} x_{ij} = \sum_{k \in R_j(\omega)} D_k \omega_{jk}, j \in E(\omega) \qquad (8\text{-}2\text{-}14)$$

$$x_{ij} \geqslant 0, i \in M \cup N, j \in E(\omega) \qquad (8\text{-}2\text{-}15)$$

2. 遗传算子设计

遗传算法中最主要的是两种算子,一是交叉算子,二是变异算子;由于在编码中已经将原来的0—1变量的约束条件改为控制整数编码中的取值范围,从而可知通常的两点交叉算子可以保持交叉后的编码合法性,所以这里采用两点交叉,亦即对于两个不同父代个体,任意选择两个交叉点位,交换两个父代个体处于这两个交叉点位之间的编码片段,从而产生两个新的个体。而对于变异算子,采用单点变异算子,即在个体编码中任意选择一个点位,将其数值变异为允许取值范围内的任意数值。

3. 算法流程

根据上述分析设计如下基于整数编码的遗传算法,并在该算法中嵌入运输问题线性规划算法:

Step1:产生一个初始种群,种群规模为 N_{pop},种群中的个体编码 ω 为整数编码,满足条件 $\omega_k \in N, k \in L$,令 $t := 0$;

Step2:对于给定的编码 ω,结合求解运输问题的单纯形法,求解问题 $(P2-2)$;

Step3:将 Step2 求得的目标函数值 $F(\omega)$ 代入 $(P2-1)$ 中,并以求得的目标函数值的倒数作为种群个体的适应值,计算出最优个体;

Step4:在父代种群中以轮盘赌方式选择个体形成交叉种群池 $C(t)$,设其规模为 M_{pop};

Step5:在交叉种群池 $C(t)$ 中任意选择两个个体进行两点交叉产生两个新的个体,重复这一过程直到生成 M_{pop} 个子代个体;

Step6:在父代种群及交叉子种群中以 p_m 变异概率选取个体进行单点变异算子操作产生变异子种群;

Step7:计算父代种群、交叉子种群以及变异子种群中各个体的适应值,从中取适应值最大的 N_{pop} 个个体形成子代种群,并计算子代种群中的最优个体,令 $t := t+1$;

Step8:判断终止条件是否满足,如果满足则输出当前种群的最优个体作为问题的最优解,否则转 Step2 继续迭代。

8.2.5 数值实验

例 8-1 设有 5 个纯物资供应点和 5 个备选中转网点,联运调运某类应急物资到 10 个受灾城市,需要从 5 个备选中转网点中确定最优的中转点,并分派每个受灾城市接受一个特定的中转点服务。随机产生 8 组数据进行计算,数据说明如下:纯供应点到备选中转网点的单位运价取值为[50,200]中的随机整数,备选中转点之间的单位运价取值为[10,30]中的随机整数,备选中转网点到需求点之间的单位运价取值为[10,50]中的随机整数,供应点的物资供应量取为[50,70]中的随机整数乘以 100,需求点的物资需求量取值为[20,50]中的随机整数乘以 100,备选中转网点的流量指数取值为[0,0.5]中的随机实数。为了对计算结果进行比较,取所有需求点都分派给一个备选中转网点时所需总费用最小的方案作为参考进行目标函数值的比较。

遗传算法参数设置如下:种群规模为 50,最大迭代次数为 50,根据 Michalewicz 等的测试得知,交叉率小、变异率大能获得更好的效果,本书中设定交叉率为 0.4,变异率为 0.2。用 Matlab 编程,其中线性运输问题的求解采用 Matlab 中的线性规划求解函数,在 AMD Athlon 1.6 GHz CPU 和 2GB 内存的计算机上对测试算例进行计算。每组数据计算 10 次,有 7 组数据 10 次计算结果都一样,说明算法的稳定性非常好,其中第 5 组数据的 10 次计算结果中总费用为 1368500 的出现 5 次,另有两次结果为 1401800,3 次结果为 1403800。具体的计算结果如表 8-1 所示。

表 8-1 随机产生 8 组数据的计算结果

	1	2	3	4	5	6	7	8
f_{min}	1777600	2323100	2024300	1556400	1368500	2349600	1624200	1560800
f_{max}	1777600	2323100	2024300	1556400	1403800	2349600	1624200	1560800
f_{base}	2254300	2578300	2166500	2015200	1677300	2599200	1848800	1854500
最优次数	10	10	10	10	5	10	10	10

表 8-1 中 f_{min} 表示本书算法 10 次计算所得最小目标函数值,f_{max} 表示 10 次计算所得最大目标函数值,f_{base} 表示当所有需求点都分派给 5 个备选中转点某一个时所需的最小费用,最优次数表示在 10 次计算中 f_{min} 出现的次数。

下面以上述 8 组随机数据中的其中一组进行较详细的说明,该组数据如下:

表 8-2 供应点与中转点之间距离及供应量

c_{ij}		备选中转点					S_i
		6	7	8	9	10	
纯供应点	1	164	89	53	126	98	2700
	2	111	72	191	85	179	4000
	3	186	101	155	166	94	4200
	4	115	182	78	180	192	3300
	5	138	196	137	198	86	3700
备选中转点	6	0	19	10	30	26	4500
	7	26	0	26	30	13	3700
	8	13	25	0	27	30	3200
	9	21	21	27	0	26	3500
	10	17	22	16	27	0	4700
W_j		5	8	4	6	8	
a_j		0.2032	0.2263	0.2896	0.3042	0.4025	

备选中转点到需求点之间的距离及需求量见表 8-3。

表 8-3 备选中转点与需求点的距离及需求量

d_{jk}		需求点									
		1	2	3	4	5	6	7	8	9	10
备选中转点	6	12	19	27	45	42	49	22	17	30	38
	7	15	20	23	50	38	50	25	21	40	20
	8	41	29	14	37	25	30	49	28	43	25
	9	43	42	38	40	18	44	33	48	48	35
	10	29	46	19	33	20	37	12	22	11	38
D_k		2000	4800	2700	3900	2500	2700	4500	2900	3500	2900

对该组数据进行 10 次计算，结果均为 $\omega^* = [7,10,8,10,9,10,10,10,10,10]$，总费用为 2349600，供应点至中转点的最优调运方案如表 8-4 所示。

表 8-4 供应点至中转点的最优调运方案

x_{ij}^*		中转点			
		7	8	9	10
供应点	1		2700		
	2	2000		200	
	3				4200
	4				
	5				3700
	6				4500
	7				3700
	8				3200
	9			2300	1200
	10				4700
中转点中转物资量		2000	2700	2500	25200

各中转点至需求点之间的调运方案如表 8-5 所示。

表 8-5 中转点至需求点的调运方案

y_{jk}^*		需求点										中转数量
		1	2	3	4	5	6	7	8	9	10	
中转点	7	2000										2000
	8			2700								2700
	9					2500						2500
	10		4800		3900		2700	4500	2900	3500	2900	25200
D_k		2000	4800	2700	3900	2500	2700	4500	2900	3500	2900	

8.2.6 小 结

针对大规模应急物资联动调运的特点,建立了一种非线性混合整数规划的应急物资中转网点定位—配给模型,通过分析模型的特点,设计了一种基于整数编码的遗传算法并在其中嵌入了运输问题线性规划算法。算例结果表明,该模型及算法能较好地解决这类问题,特别是算法计算稳定性非常好。

8.3 基于时间满意度的应急物资中转运输决策

8.3.1 问题描述

设某类应急物资有 m 个供应点和 n 个受灾点（需求点），在供应点与受灾点之间有 l 个应急物资中转候选点，供应点、中转候选点及受灾点之间所需的运输时间已知。应急物资可以通过供应点至需求点的点对点直接运输模式，也可以选择适当的中转候选点通过中转运输模式实现运输。现需要确定：①应该选择哪些中转点进行中转；②各物资供应点通过点对点运输和中转运输这两种模式运至受灾点的不同运输量。目标是使得受灾点对于应急物资的满意度最大化。

建模之前先作如下假设：

（1）各个供应点、需求点及中转候选点之间的运输时间已知；

（2）各供应点的物资供应量已知；

（3）各受灾点的物资需求量已知；

（4）各需求点对于物资需求的紧急程度已知；

（5）供应点的总供应量大于等于需求点的总需求量；

（6）通过中转模式运输的物资均在中转点集中完毕后再运输至各需求点；

（7）每个需求点最多只有一个中转点进行应急物资的中转运输。

借鉴 Fiedrich 等关于地震被困人员生存概率函数的假设，可以认为某需求点的时间满意度函数类似于被困人员生存概率函数的形态，这里设需求点 j 随着物资运达时间 t 的时间满意度函数为

$$g_j(t) = e^{-t^2/\theta_j} \tag{8-3-1}$$

这里 θ_j 的取值表示该点对于运达时间的紧急程度，其值越小表明该点对于应急物资的紧急程度越大. 时间满意度函数类似图 8-2 所示，该图与 Fiedrich 等所描述的受困人员生存概率形态图十分相符。

由于需求点 j 的应急物资总需求量可以按供应点不同视为在不同的时间分批送达，假设每份应急物资都可以使得该需求点的一位受灾人员得到救助，则可将每批次送达的物资数量看成为送达时间满意度的赋权，所以受灾点 j 的总体时间满意度可以表示为所有批次送达时间满意度的赋权和：$z_j = \sum_i m_{ij} g_j(t_{ij})$，这里 m_{ij}，t_{ij} 分别表示从供应点 i 处运至需求点 j 的应急物资数量及相应的运达时间。

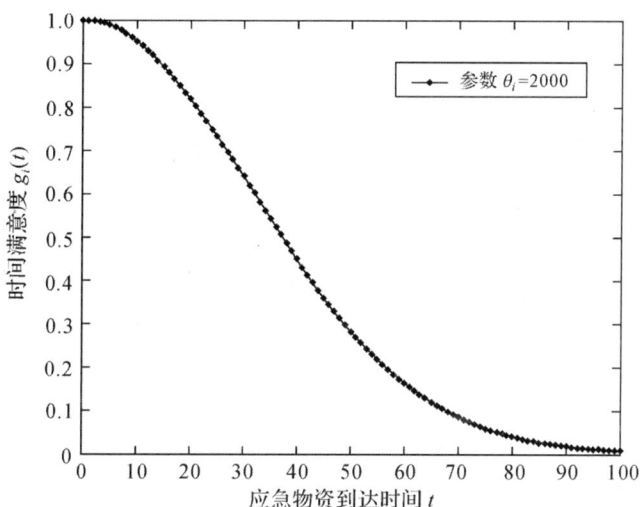

图 8-2 时间满意度函数示意图

8.3.2 模型构建

1. 参数与变量的设置

M：应急物资纯供应点组成的点集，其中点的个数为 m 个；

L：备选中转网点组成的点集，其中点的个数为 l 个；

N：受灾点组成的点集，其中点的个数为 n 个；

a_i：应急物资供应点 i 的物资供应量，$i \in M$；

b_j：受灾点 j 的应急物资需求量，$j \in N$；

c_k：中转候选点 k 的应急物资容量，$k \in L$；

t^d_{ij}：物资供应点 i 通过 PTP 方式直接运至需求点 j 所需的时间；

t^h_{ik}：物资供应点 i 至中转候选点 k 所需的时间；

t^h_{kj}：从中转候选点 k 运至需求点 j 所需的时间；

θ_j：需求点 j 对于应急物资在时间要求的紧急程度；

x^d_{ij}：物资供应点 i 通过 PTP 方式直接运至需求点 j 的物资量；

x^h_{ik}：物资供应点 i 运至中转候选点 k 的物资量；

x^h_{kj}：从中转候选点 k 运至需求点 j 的物资量；

若受灾点 j 由中转网点 k 来提供服务，$y_{kj} = 1$，否则 $y_{kj} = 0$。

2. 数学模型

$$\max z = \sum_{j \in N} \sum_{i \in M} x^d_{ij} \cdot g_j(t^d_{ij}) + \sum_{j \in N} \sum_{i \in M} x^h_{kj} \cdot g_j(\max_{i \in M}\{t^h_{ik} \cdot \delta(x^h_{ik})\} + t^h_{kj})$$

$$\sum_{j \in \mathbf{N}} x_{ij}^d + \sum_{k \in \mathbf{L}} x_{ik}^h \leqslant a_i, i \in \mathbf{M} \tag{8-3-2}$$

$$\sum_{i \in \mathbf{M}} x_{ij}^d + \sum_{k \in \mathbf{L}} x_{ik}^h = b_j, j \in \mathbf{N} \tag{8-3-3}$$

$$\sum_{i \in \mathbf{M}} x_{ik}^h = \sum_{j \in \mathbf{N}} x_{kj}^h, k \in \mathbf{L} \tag{8-3-4}$$

$$\sum_{j \in \mathbf{N}} x_{kj}^h \leqslant c_k \cdot \delta\left(\sum_{j \in \mathbf{N}} y_{kj}\right), k \in \mathbf{L} \tag{8-3-5}$$

$$x_{kj}^h \leqslant y_{kj} \cdot c_k, k \in \mathbf{L}, j \in \mathbf{N} \tag{8-3-6}$$

$$\sum_{k \in \mathbf{L}} y_{kj} \leqslant 1, j \in \mathbf{N} \tag{8-3-7}$$

$$x_{ij}^d, x_{ik}^h, x_{kj}^h \geqslant 0, y_{kj} \in \{0,1\}, i \in \mathbf{M}, j \in \mathbf{N}, k \in \mathbf{L} \tag{8-3-8}$$

其中 $\delta(x)$ 为指示函数,即当 $x > 0$ 时为 1,否则为 0。

模型中目标函数的第一项为供应点用 PTP 方式将应急物资运输至需求点的满意度,表示为运达物资数量与时间满意度之积,第二项为应急物资通过中转点运输至需求点的满意度,由于从供应点至中转点的物资全部收集完毕后再运输至各受灾点,故需求点 j 通过某中转点运输所需时间为从所有供应量大于 0 的供应点至该中转点的运输时间中最大者与该中转点到需求点 j 所需时间之和. 约束条件(8-3-2)表示每个供应点的通过点对点方式及中转运输方式的运出总量受供应点供应量限制;约束条件(8-3-3)表示每个需求点的需求量都通过两种运输方式得以满足;约束条件(8-3-4)表示经由中转点运输的运输量满足物资平衡性要求;约束条件(8-3-5)表示非中转点至需求点的运输量为 0 而中转点至需求点的运输量不超过该中转点的容量;约束条件(8-3-6)表示运输量 x_{kj}^h 受到 0-1 变量 y_{kj} 的约束;约束条件(8-3-7)表示对任意一个需求点,至多有一个中转点对其提供服务;约束条件(8-3-8)表示所有的运输量都满足非负性条件,另外中转点与需求点之间的服务配对关系为 0-1 变量。

8.3.3 算法设计

前面所构建模型是一个非线性混合整数规划模型,其目标函数为包含着组合式最大化子函数的非线性形式,且又存在 0-1 变量 y_{kj},所以传统的非线性规划算法无法对该模型进行有效的求解。假设给定满足约束条件(8-3-7)的 y_{kj},由于目标函数中只有第二项存在非线性成分,而一旦确定 $\max_{1 \leqslant i \leqslant m} \{t_{ik}^h \cdot \delta(x_{ik}^h)\}$,则目标函数中的非线性部分即变为线性的形式,这时模型就转变成线性规划模型。我们设计了一种迭代线性规划子算法以求给定 y_{kj} 情况下的解:

1. 迭代线性规划子算法

Step1：对于给定的 y_{kj}，以下列方法生成 δ_{ik}：对于 $j \in \boldsymbol{N}$，若存在 $\hat{k} \in \boldsymbol{L}$ 使得 $y_{kj} = 1$，检查所有 $i \in \boldsymbol{M}$，若 $t_{ik}^h + t_{kj}^h < t_{ij}^d$，则令 $\delta_{ik} = 1$；令其余 $\delta_{ik} = 0$．令 $\delta(x_{ik}^h) := \delta_{ik}$。

Step2：将 $\delta(x_{ik}^h)$ 代入模型，此时模型化为线性规划模型，求得最优解记为 $x_{temp} = [\hat{x}_{ij}^d ; \hat{x}_{ik}^h ; \hat{x}_{kj}^h]$，最优值记为 z_{temp}。

Step3：若 $\delta(\hat{x}_{ik}^h) = \delta(x_{ik}^h)$，则停止，输出最优解 x_{temp} 和最优值 z_{temp}；否则令 $\delta(x_{ik}^h) := \delta(\hat{x}_{ik}^h)$ 转 Step2。

以上迭代算法用于求解给定满足约束条件(8-3-7)的 y_{kj} 时的模型，而由于 y_{kj} 的取值是一个组合问题，其所有的取值可能性为 n^{l+1}，要遍历所有可能的取值所需要付出的计算代价是指数增长的。

对于规模很小的问题，也可以用混合整数规划方法如分支定界法、割平面法等进行求解，然而由于计算规模的指数增长特性，要想利用整数规划方法求得精确的最优解将要付出极大的计算代价，而 Kirkpatrick 等人提出的模拟退火算法是一种解决组合最优化问题的现代随机寻优算法，它模拟了物理退火过程，由一个给定的初始高温开始，利用具有概率突跳特性的 Metropolis 抽样策略在解空间中随机进行搜索，伴随着温度的不断下降重复抽样过程，最终得到问题的全局最优解。故而在本书中我们设计了一种模拟退火算法来求解这一问题。

在模拟退火算法的设计过程中，首先对于 y_{kj} 的取值可能根据所给的数据作一定的限制，令 D 为 $l \times n$ 的矩阵，如果 $\max\limits_{i \in M}\{t_{ij}^d - t_{ik}^h\} > t_{kj}^h$，则取其中元素 $d_{kj} = 1$，否则令 $d_{kj} = 0$，显然只有当 $d_{kj} = 1$ 时，对应的 y_{kj} 才有可能取 1。

2. 模拟退火主算法

Step1：求初始解 y_{kj}^0，对于每一个 $j \in \boldsymbol{N}$，令 $S(j) = \{k \in \boldsymbol{L} \mid \min\limits_{i \in M}\{t_{ik}^h + t_{kj}^h < t_{ij}^d\}\}$，若 $S(j)$ 为空集，则令 $y_{kj}^0 := 0, k \in \boldsymbol{L}$；否则取 $\hat{k}$ 为 $t_{i\hat{k}}^h + t_{\hat{k}j}^h = \min\limits_{k \in S(j)}\{t_{ik}^h + t_{kj}^h\}$，令 $y_{\hat{k}j}^0 := 1$。

Step2：由初始解 y_{kj}^0 根据迭代线性规划算法(1)求得最优目标函数值为 $z(y_{kj}^0)$，记 $z^{opt} := z(y_{kj}^0)$，最优解记为 $x(y_{kj}^0)$，并将 $x^{opt} := [y_{kj}^0 ; x(y_{kj}^0)]$ 作为最好解保存。

Step3：设定初始温度 T_0，终止温度 T_f，令 $k := 0, T_k := T_0$。

Step4：产生随机解 y_{kj}^1：随机取 $j_1 \in \boldsymbol{N}$，记 D 中的第 j_1 列为 $D(:, j_1)$，矩

阵 $[y^0_{kj}]$ 中的第 j_1 列为 $y^0(:,j_1)$，令 $fd(:,j_1) = D(:,j_1) - y^0(:,j_1)$，若 $\sum\limits_{k \in L} fd(k,j_1) > 0$，则随机取 $\hat{k} \in \{k \mid fd(k,j_1) = 1\}$，令 $y^1(\hat{k},j_1) = 1$，$y^1(:,j_1)$ 中其余元素均为 0；若 $\sum\limits_{k \in L} fd(k,j_1) = 0$，则重新选取 $j_1 \in N$，重复 Step4；由线性规划子算法计算 $z(y^1_{kj})$ 及相应的最优解 $x(y^1_{kj})$，计算 $\Delta z = z(y^0_{kj}) - z(y^1_{kj})$。

Step5：如果 $\Delta z < 0$，令 $y^0_{kj} := y^1_{kj}, x(y^0_{kj}) := x(y^1_{kj}), x^{opt} := [y^0_{kj}; x(y^0_{kj})], z^{opt} := z(x^{opt})$，转 Step7；否则转 Step6。

Step6：产生随机数 $\xi \in U(0,1)$，如果 $\exp\left(\dfrac{\Delta z}{T_k}\right) > \xi$，则 $y^0_{kj} := y^1_{kj}$，$z(y^0_{kj}) = z(y'_{kj})$。

Step7：令 $T_{ki} = rT_k$，如果 $T_k \leqslant T_f$，停止，输出当前最优解 x^{opt} 和最优值 z^{opt}；否则转 Step4。

8.3.4 数值计算

例 8-2 现设需要从 6 个供应点运输某类应急物资到 8 个受灾点，设有 4 个中转候选点，随机产生 10 组数据进行计算，数据取值说明如下：供应点的物资供应量取为 $[100,300]$ 中的随机整数，受灾点的物资需求量取为 $[80, 100]$ 中的随机整数，中转候选点的物资容量取值为 $[30,80]$ 中的随机整数，供应点至受灾点的运输时间取为 $[30,150]$ 中的随机整数，供应点至中转候选点的运输时间取为 $[10,80]$ 中的随机整数，中转候选点至受灾点的运输时间取为 $[10,40]$ 中的随机整数，时间满意度函数（8-3-1）中的参数 θ_j 取值为 $[1000,3000]$ 之间的随机整数。对本书提出的算法利用 Matlab7.01 编程计算，模拟退火算法的参数设置为：$T_0 = 100, T_f = 1, r = 0.95$。其中线性规划部分计算利用了 Matlab 中的 linprog 函数，每组数据重复计算 20 次，计算机实验环境：Windows7 普通版，CPU 为 core i3-3217U 主频 1.8GHz，内存 2G。计算结果如下：

表 8-6　10 组随机数据计算结果

数据	最优值	最劣值	平均值	标准差	平均时间	PTP 最优值
1	261.773	251.600	257.127	3.977	5.676	234.226
2	295.248	286.588	292.176	3.717	6.878	281.153
3	240.270	227.979	233.418	4.962	6.554	219.819

数据	最优值	最劣值	平均值	标准差	平均时间	PTP 最优值
4	285.194	276.048	280.912	3.101	6.021	251.612
5	235.354	226.659	230.515	3.448	5.212	203.350
6	312.072	298.558	304.686	4.258	7.146	278.714
7	270.260	257.505	261.751	4.591	7.414	241.309
8	327.577	315.544	323.113	3.817	5.870	315.544
9	260.374	249.956	255.164	4.210	6.306	242.481
10	264.643	256.091	259.029	2.313	6.257	221.411

从表 8-6 可以看出，混合两种运输模式的中转运输模型其平均目标函数值要比单纯采用 PTP 模式进行运输的模型所得目标函数值有较大的增长，而多次计算的平均时间相对较小，标准差比较小，说明稳定性较强。下面以最后一组数据进行详细说明，其中 $\theta = [1735, 1677, 2460, 1901, 1852, 2153, 1303, 2161]$，$a = [252, 242, 191, 169, 194, 201]$，$b = [85, 82, 83, 90, 99, 94, 82, 93]$，$c = [73, 63, 54, 75]$。

表 8-7 各点之间运输时间

		需求点 j								中转点 k			
		1	2	3	4	5	6	7	8	1	2	3	4
供应点 i	1	55	79	138	34	67	93	147	44	48	52	74	68
	2	59	42	131	47	63	145	92	82	55	18	73	70
	3	79	40	138	133	59	137	104	94	53	60	34	43
	4	91	120	89	127	47	76	87	54	75	75	42	78
	5	62	93	72	98	50	120	146	131	17	16	32	78
	6	125	51	71	68	33	55	66	116	16	53	26	19
中转点 k	1	19	23	14	25	28	20	12	27				
	2	11	24	23	10	11	10	13	17				
	3	30	29	26	10	14	14	22	29				
	4	28	17	22	22	10	19	16	17				

该组数据若完全采用 PTP 形式进行运输则可得其最优目标函数值为 221.411，而采用混合中转运输模型时可得最优目标函数值为 264.643，需求点对于应急物资的时间满意度比 PTP 模式增长了 19.53%，具有较好的效果。所得最优解如表 8-8 所示。

表 8-8　例 8-2 的最优解

		需求点 j								中转点 k			
		1	2	3	4	5	6	7	8	1	2	3	4
供应点 i	1	4			90				93				
	2	81											
	3		82										
	4							28					
	5			10						65		54	
	6					99	94			8			
中转点 k	1			73									
	2												
	3							54					
	4												

　　另外，我们针对不同规模的问题对算法的效率进行了测试，每种规模随机生成 10 个问题进行计算，所需平均计算时间如表 8-9 所示。

表 8-9　不同规模问题平均计算时间　　　　　　　　（单位：秒）

	平均时间	$n=10$	$n=20$	$n=30$	$n=40$	$n=50$	$n=100$
	$m=10$	5.6513	6.9876	8.1356	8.7525	10.3146	16.7416
$l=5$	$m=30$	6.9571	9.5422	12.2552	15.6180	17.7108	35.5627
	$m=50$	9.0414	13.6520	18.2266	25.1142	31.8816	59.4432
	$m=100$	15.1100	26.8326	39.4295	51.9430	63.1909	131.5902
	$m=10$	6.2353	7.0417	9.1876	9.4577	11.5916	17.8689
$l=10$	$m=30$	7.7087	10.1021	13.3763	16.6282	18.1703	36.5076
	$m=50$	9.9080	15.2171	19.1738	26.2794	34.9571	61.0870
	$m=100$	15.7926	27.5571	40.6655	52.0419	63.6936	137.1547
	$m=10$	6.7037	8.5962	11.1263	13.0410	13.8843	23.9460
$l=20$	$m=30$	9.9436	15.4965	20.0474	27.6888	32.0052	60.0516
	$m=50$	12.2060	21.9724	33.1418	42.8182	53.2172	105.1785
	$m=100$	23.6681	44.0351	69.6462	86.1115	116.9482	225.5624

　　由于中转点个数一般不会太多，因而只针对中转点个数为 20 个之内的情况进行了测试。测试结果表明，对于供应点和需求点数量在 100 之内，中

转点在 20 之内的问题,都可以在较短的时间内求得相应的近似最优解,计算速度快,能够适应相应规模的应急物资运输问题需求。

8.3.5 小 结

本书结合传统的点对点运输模式和中转运输模式,通过类比地震后受困人员的生存概率,引进了关于应急物资的运达时间满意度函数,建立了基于时间满意度的应急物资中转运输模型。将应急物资的运达时间因素通过数量赋权后作为考虑应急物资运输优化的目标,这一目标同时考虑了数量与时间这两个因素,对于应急物资调运安排具有实际的意义。通过分析模型的特点,设计了一种嵌入迭代线性规划子算法的模拟退火算法.最后对模型进行了计算验证,计算结果表明本书算法稳定性好,对于 100 个需求点、100 个供应点及 20 个中转点规模的问题,算法能在 4 分钟之内求解出近似最优解,计算速度较快,能够有效地解决应急物资中转点选择及 PTP 和中转运输量的安排问题以使受灾点对于应急物资运输的总体满意度更高。本书模型关于所有通过中转模式运输的物资均在中转点集中完毕后再运输至各需求点的假设实现上比较简单,未来应结合考虑应急物资在中转点按到达时间不同分批集中后即时运至需求点的处理方式。

8.4 基于鲁棒优化的应急物资中转运输决策

8.4.1 问题描述

由于大规模应急资源调度过程中涉及的面比较广,而突发事件又很可能使得受灾地区的交通受到一定程度的破坏,因而往往在距离受灾点最近的火车站或飞机场附近建立临时应急物资中转网点,先将多个供应点提供的应急物资运输到这些中转网点,然后再由公路、水路、直升机等分发到各应急需求点,通常每个需求点只由某一个中转网点对其提供应急物资。设有 m 个供应点和 n 个备选中转网点联动调运某类应急救援物资到 k 个受灾地点,需要备选中转网点中选取若干个位置作为中转网点的地址,并分派每个受灾地点到一个特定的中转网点。问题的目标是确定最优的中转网点位置,并分派各中转网点的服务对象(受灾地点)使得所需运输成本和临时中转网点建设固定成本总和最小化。

模型相关参数设置如下:

M:应急物资纯供应点组成的点集;

N：备选中转网点组成的点集；

K：受灾点组成的点集；

S_i：应急物资供应点的物资供应量 $i \in \boldsymbol{M}$；

e_j：应急物资中转网点的建设固定成本 $j \in \boldsymbol{N}$；

β_k：受灾点的应急物资需求量 $k \in \boldsymbol{K}$；

c_{ij}：供应点 i 到备选中转网点 j 的单位运输费用 $i \in \boldsymbol{M}, j \in \boldsymbol{N}$；

d_{jk}：备选中转网点 j 到受灾点 k 的物资运输量 $j \in \boldsymbol{N}, k \in \boldsymbol{K}$；

x_{ij}：物资供应点到备选中转网点的物资运输量 $i \in \boldsymbol{M}, j \in \boldsymbol{N}$；

y_{jk}：备选中转网点到受灾点的物资运输量 $j \in \boldsymbol{N}, k \in \boldsymbol{K}$；

ω_{jk}：若受灾点 k 由中转点 j 服务，则取值为 1，否则取值为 0，$j \in \boldsymbol{N}, k \in \boldsymbol{K}$。

8.4.2　模型构建

则应急物资中转运输问题的定位—配给（Emergency Location-Allocation）问题为：

$$\min f(\omega, x, y) = \sum_{j \in \boldsymbol{N}} e_j \delta(\sum_{k \in \boldsymbol{K}} \omega_{jk}) + \sum_{i \in \boldsymbol{M}} \sum_{j \in \boldsymbol{N}} c_{ij} x_{ij} + \sum_{j \in \boldsymbol{N}} \sum_{k \in \boldsymbol{K}} d_{jk} y_{jk} \quad (8\text{-}4\text{-}1)$$

$$\sum_{j \in \boldsymbol{N}} \omega_{jk} = 1, k \in \boldsymbol{K} \quad (8\text{-}4\text{-}2)$$

$$x_{ij} \leqslant S_i(\sum_{k \in \boldsymbol{K}} \omega_{jk}), i \in \boldsymbol{M}, j \in \boldsymbol{N} \quad (8\text{-}4\text{-}3)$$

$$\sum_{j \in \boldsymbol{N}} x_{ij} \leqslant S_i, i \in \boldsymbol{M} \quad (8\text{-}4\text{-}4)$$

$$\sum_{i \in \boldsymbol{M}} x_{ij} \geqslant \sum_{k \in \boldsymbol{K}} y_{jk}, j \in \boldsymbol{N} \quad (8\text{-}4\text{-}5)$$

$$y_{jk} \geqslant \beta_k \omega_{jk}, j \in \boldsymbol{N}, k \in \boldsymbol{K} \quad (8\text{-}4\text{-}6)$$

$$x_{ij} \geqslant 0, y_{jk} \geqslant 0, \omega_{jk} \in \{0, 1\}, i \in \boldsymbol{M}, j \in \boldsymbol{N}, k \in \boldsymbol{K} \quad (8\text{-}4\text{-}7)$$

说明：上述模型中 $\delta(x)$ 为指示函数，即当 $x > 0$ 时取值为 1，否则取值为 0。目标函数(8-4-1)中由中转网点建设的固定成本、从供应点至中转点的运输费用以及从中转点至需求点的运输费用这三部分组成；约束条件(8-4-2)表示每个受灾点都只由一个中转点对其定位服务；约束条件(8-4-3)表示若候选中转点未被选中，则所有供应点至该点的运输量均为 0；约束条件(8-4-4)表示供应点的应急物资供应量限制；约束条件(8-4-5)表示关于中转点的物资流量条件；约束条件(8-4-6)表示关于中转点对需求点定位服务的运量限制；约束条件(8-4-7)则是所有变量的取值限制。

突发事件发生时，灾区的需求 β_k 具有不确定性，当其概率分布已知时，可用随机规划方法对其进行建模与求解，然而在实际中要得到这种随机参数的概率分布相当困难,反之给出需求量所在的区间则相对更为可行,即很多情况下可设第 k 个受灾点的应急物资需求量 $\beta_k \in [\bar{\beta}_k - \hat{\beta}_k, \bar{\beta}_k + \hat{\beta}_k]$,此处 $\bar{\beta}_k$ 表示随机变量 β_k 的均值而 $\hat{\beta}_k$ 表示其最大偏差。根据 Bertsimas 和 Sim 的定义我们可以引入鲁棒控制水平参数 Γ 将上述模型改为如下鲁棒优化模型 $ELA_{rob}(\Gamma)$:

$$\min f(\omega, x, y) = \sum_{j \in N} e_j \delta(\sum_{k \in K} \omega_{jk}) + opt(R(\omega, \Gamma)) \tag{8-4-8}$$

$$\sum_{j \in N} \omega_{jk} = 1, k \in \mathbf{K} \tag{8-4-9}$$

$$\omega_{jk} \in \{0, 1\}, j \in N, k \in K \tag{8-4-10}$$

这里 $opt(R(\omega, \Gamma))$ 表示第 2 阶段回溯问题 $R(\omega, \Gamma)$ 的最优目标函数值,回溯问题模型如下:

$$R(\omega, \Gamma): \max_{\beta \in U(\Gamma)} \min \sum_{i \in M} \sum_{j \in N} c_{ij} x_{ij} + \sum_{j \in N} \sum_{k \in K} d_{jk} y_{jk} \tag{8-4-11}$$

$$x_{ij} \leqslant S_i(\sum_{k \in K} \omega_{jk}), i \in \mathbf{M}, j \in \mathbf{N} \tag{8-4-12}$$

$$\sum_{j \in N} x_{ij} \leqslant S_i, i \in \mathbf{M} \tag{8-4-13}$$

$$\sum_{i \in M} x_{ij} \geqslant \sum_{k \in K} y_{jk}, j \in \mathbf{N} \tag{8-4-14}$$

$$y_{jk} \geqslant \beta_k \omega_{jk}, j \in \mathbf{N}, k \in \mathbf{K} \tag{8-4-15}$$

$$x_{ij} \geqslant 0, y_{jk} \geqslant 0, \omega_{jk} \in \{0, 1\}, i \in \mathbf{M}, j \in \mathbf{N}, k \in \mathbf{K} \tag{8-4-16}$$

这里:

$$U(\Gamma) = \{\beta \in R^K : \beta_k = \bar{\beta}_k + z_k \hat{\beta}_k, k \in \mathbf{K}, z \in \mathbf{Z}(\Gamma)\} \tag{8-4-17}$$

$$Z(\Gamma) = \{z \in R^K : \sum_{k \in K} z_k \leqslant \Gamma, 0 \leqslant z_k \leqslant 1, k \in \mathbf{K}\} \tag{8-4-18}$$

8.4.3 模型分析

定理 8-1 回溯问题模型 $R(\omega, \Gamma)$ 等价于如下模型 $\hat{R}(\omega, \Gamma)$:

$$\max - \sum_{i \in M} \sum_{j \in N} S_i(\sum_{k \in K} \omega_{jk}) u_{ij} - \sum_{i \in M} S_i v_i + \sum_{j \in N} \sum_{k \in K} \bar{\beta}_k \omega_{jk} r_{jk} + \sum_{j \in N} \sum_{k \in K} \hat{\beta}_k \omega_{jk} z_k r_{jk}$$

$$\tag{8-4-19}$$

$$- u_{ij} - v_i + w_j \leqslant c_{ij}, i \in \mathbf{M}, j \in \mathbf{N} \tag{8-4-20}$$

$$- w_j + r_{jk} \leqslant d_{jk}, j \in \mathbf{N}, k \in K \tag{8-4-21}$$

$$\sum_{k \in K} z_k \leqslant \Gamma \tag{8-4-22}$$

$$0 \leqslant z_k \leqslant 1, k \in \mathbf{K} \tag{8-4-23}$$

$$u_{ij}, v_i, w_j, r_{jk} \geqslant 0, i \in \mathbf{M}, j \in \mathbf{N}, k \in \mathbf{K} \tag{8-4-24}$$

证:对于给定的 Γ 以及 $\beta \in U(\Gamma)$,模型 $(8-4-11) \sim (8-4-16)$ 式中最小化

线性规划的对偶问题为：

$$\max - \sum_{i \in M} \sum_{j \in N} S_i \left(\sum_{k \in K} \omega_{jk} \right) u_{ij} - \sum_{i \in M} S_i v_i + \sum_{j \in N} \sum_{k \in K} \bar{\beta}_k \omega_{jk} r_{jk} + \sum_{j \in N} \sum_{k \in K} \hat{\beta}_k \omega_{jk} z_k r_{jk}$$

$$(8\text{-}4\text{-}25)$$

$$-u_{ij} - v_i + w_j \leqslant c_{ij}, i \in M, j \in N \tag{8-4-26}$$

$$-w_j + r_{jk} \leqslant d_{jk}, j \in N, k \in K \tag{8-4-27}$$

$$u_{ij}, v_i, w_j, r_{jk} \geqslant 0, i \in M, j \in N, k \in K \tag{8-4-28}$$

上述对偶问题结合(8-4-17)~(8-4-18)即证得该定理。

模型 $ELA_{rob}(\Gamma)$ 目标函数中出现的指示函数 $\delta(x)$ 不利于模型的求解，下面对这部分进行线性化处理后将该模型化为 $\overline{ELA}_{rob}(\Gamma)$：

$$\min \sum_{j \in N} e_j y_j + opt(\hat{R}(\omega, \Gamma)) \tag{8-4-29}$$

$$\sum_{j \in N} \omega_{jk} = 1, k \in K \tag{8-4-30}$$

$$y_j \geqslant \omega_{jk}, j \in N, k \in K \tag{8-4-31}$$

$$\omega_{jk} \in \{0, 1\}, j \in N, k \in K \tag{8-4-32}$$

显然，由于目标函数为最小化形式，从而由约束条件(8-4-31)可知当 $\delta(\sum_{k \in K} \omega_{jk}) = 1$ 时最优解中必有 $y_j = 1$，同样若 $\delta(\sum_{k \in K} \omega_{jk}) = 0$ 时最优解中必有 $y_j = 0$，因而易知原模型 $ELA_{rob}(\Gamma)$ 等价于模型 $\overline{ELA}_{rob}(\Gamma)$。

8.4.4 算法设计

Benders 分解算法是一种通过分解和切平面技术结合而成的求解混合整数规划的经典算法，针对本书所建立的鲁棒优化模型，下面我们根据 Benders 分解的思想给出求解 $\overline{ELA}_{rob}(\Gamma)$ 的相应算法：

Step1：初始化，给定鲁棒控制水平 Γ，随机给定满足条件(8-4-30)的一个 ω_{jk}^0 值然后求解 $\hat{R}(\omega^0, \Gamma)$，记求得的最优解为 $(u^0, v^0, \omega^0, r^0, z^0)$；令 $U := +\infty$，$L := -\infty, t := 1$。

Step2：求解主问题

$$\min \sum_{j \in N} e_j y_j + \xi$$

$$\xi \geqslant - \sum_{i \in M} \sum_{j \in N} S_i \left(\sum_{k \in K} \omega_{jk} \right) u_{ij}^0 - \sum_{i \in M} S_i v_i^0 + \sum_{j \in N} \sum_{k \in K} \bar{\beta}_k \omega_{jk} r_{jk}^0 + \sum_{j \in N} \sum_{k \in K} \hat{\beta}_k \omega_{jk} z_k^0 r_{jk}^0$$

$$\sum_{j \in N} \omega_{jk} = 1, k \in K$$

$$y_j \geqslant \omega_{jk}, j \in N, k \in K$$

$$\omega_{jk} \in \{0,1\}, j \in N, k \in K$$

记最优解为 (y^t, ω^t, ξ^t)，更新 $L := \sum_{j \in N} e_j y_j^t + \xi^t$。

Step3: 对于给定的 ω^t，求解回溯问题 $\hat{R}(\omega^t, \Gamma)$，记其最优解为 $(u^t, v^t, \omega^t, r^t, z^t)$；更新 $U := \min\{U, opt(\hat{R}(\omega^t, \Gamma))\}$，若 $U = L$ 则算法终止，输出最优解 (y^t, ω^t, ξ^t) 否则转 Step3。

Step4: 在主问题中增加约束:

$$\xi \geqslant -\sum_{i \in M} \sum_{j \in N} S_i (\sum_{k \in K} \omega_{jk}) u_{ij}^t - \sum_{i \in M} S_i v_i^t + \sum_{j \in N} \sum_{k \in K} \bar{\beta}_k \omega_{jk} r_{jk}^t + \sum_{j \in N} \sum_{k \in K} \hat{\beta}_k \omega_{jk} z_k^t r_{jk}^t$$

更新 $t := t + 1$ 返回 Step1。

8.4.5　数值计算

例 8-3　考虑某次大规模突发事件下的应急物资中转运输问题。设共有 10 个应急物资供应点，8 个中转候选网点，15 个需求点，表 8-10 列出了供应点与中转点的单位运输费用(元/T)、各供应点的应急物资供应量(T)以及各临时中转网点建设的固定成本(元)。

表 8-10　供应点与候选中转点的单位运输费用(元/T)、供应量(T)及中转点建设成本(元)

c_{ij}		j								S_i
		1	2	3	4	5	6	7	8	
i	1	68	173	75	142	177	22	111	125	220
	2	46	123	112	128	150	198	132	19	1260
	3	46	104	148	161	36	121	49	89	820
	4	140	181	69	192	12	90	82	68	520
	5	67	166	170	109	180	108	159	177	860
	6	113	133	118	178	48	73	140	12	780
	7	38	166	80	43	67	92	98	156	1000
	8	143	136	144	197	136	53	118	195	950
	9	82	75	114	61	64	120	161	199	480
	10	174	65	94	58	99	155	21	160	1100
e_j		4400	1000	3700	2500	4400	3000	3900	2700	

下面在表 8-11 中列出了中转点与需求点的单位运输费用(元/T)及各需求点对应急物资的需求均值(T)。

表 8-11 候选中转点与需求点的单位运输费用(元/T)及需求量均值(T)

d_{jk}		k													
		1	2	3	4	5	6	7	8	9	10	11	12	13	14	15
j	1	22	38	7	2	31	36	35	14	3	22	23	49	37	25	15
	2	25	14	11	16	1	35	37	13	4	18	44	34	35	41	3
	3	11	22	31	1	1	5	24	44	33	16	47	44	18	24	35
	4	33	47	32	20	10	23	28	12	10	19	14	1	9	23	33
	5	17	35	19	35	30	23	7	41	43	20	9	7	8	23	50
	6	49	11	29	6	3	18	23	46	9	30	44	41	10	21	28
	7	37	42	23	2	19	8	36	12	9	6	12	12	22	46	21
	8	21	32	3	31	32	34	45	12	50	2	33	45	43	1	10
$\bar{\beta}_k$		230	250	170	100	180	250	260	290	270	170	230	250	140	290	210

利用 Matlab 对本书所给算法进行编程实现,其中回溯问题 $\hat{R}(\omega,\Gamma)$ 直接调用优化软件 CPLEX 12.4 进行求解,对不同扰动比例及控制水平的各种组合进行计算得到结果如表 8-12 所示。

表 8-12 不同控制水平及扰动比例的组合计算结果比较

控制水平	扰动比例	Z	Z/Z_0	控制水平	扰动比例	Z	Z/Z_0
$\Gamma=3$	2%	103920	1.00736719	$\Gamma=10$	2%	105010	1.01793330
	5%	105060	1.01841799		5%	107781	1.04479449
	10%	106953	1.03676812		10%	112682	1.09230321
	20%	110666	1.07276076		20%	121642	1.17915858
$\Gamma=6$	2%	104440	1.01240791	$\Gamma=15$	2%	105440	1.02210159
	5%	106371	1.03112640		5%	108856	1.05521521
	10%	109582	1.06225281		10%	114673	1.11160333
	20%	116224	1.12663823		20%	125624	1.21775882

表 8-12 中 Z 为模型 $\overline{ELA}_{rob}(\Gamma)$ 的目标函数值,当 $\Gamma=0$ 时相当于需求为均值(无扰动)的情况,记对应的目标函数值为 Z_0(本例中 $Z_0=103160$)。表中 Z/Z_0 表示各种扰动比例及控制水平下所得目标函数值与确定性情况所对应目标函数值的比值,用于衡量所得解的鲁棒性。由表 8-12 可知:①解的保守性随着 Γ 的增加而增强,当扰动比例相同时,总的费用随着控制水平的增加而增加;决策者可根据其对不确定风险的偏好程度决定控制水平 Γ,

进而决定中转运输方案；②当控制水平相同时，随着需求的扰动比例增加，所需的总费用相应增加，这意味着为抗衡更大的不确定性所付出的代价。表 8-12 中 Z/Z_0 的数值表明本书模型所得解的鲁棒性比较好。

对于各种扰动比例以及控制水平下的最优鲁棒运输方案本书不再一一列出，仅以扰动比例为 10% 而控制水平 $\varGamma=6$ 为例给出相应的鲁棒运输方案如表 8-13 所示：

表 8-13　扰动比例为 10%、控制水平 $\varGamma=6$ 的鲁棒运输方案

x_{ij}^*		i						
		1	2	3	4	6	8	10
j	5			181	520			
	6	220				55		
	7						1057	
	8		632		780			

y_{jk}^*		k														
		1	2	3	4	5	6	7	8	9	10	11	12	13	14	15
j	5							286					275	140		
	6		275													
	7				100	180	250			297		230				
	8	253		170					319		170				290	210

说明：表 8-13 中将所对应的运输方案 x_{ij}，y_{jk} 放在一起表示，表中数字即对应的 x_{ij}，y_{jk} 的运输量，若没有数值或者没有在表中表示则意味着此处的运输量为 0，临时中转点选择建于 5、6、7、8 四处，所需的总费用为 109582（元）。

8.4.6　小　结

本书针对大规模应急物资联动调度的特点，建立了应急物资中转运输问题的二阶段定位－配给模型，利用区间型数据表达关于应急物资需求量的不确定性，通过对模型的线性化处理提出了求解模型的 Benders 分解算法，数值试验表明当需求量数据变化时，根据模型所得中转运输方案能够保持较好的鲁棒性。

参考文献

[1] Ahmadi M,Seifi A & Tootooni B. A Humanitarian Logistics Model for Disaster Relief Operation Considering Network Failure and Standard Relief Time:A Case Study on San Francisco District[J]. *Transportation Research Part E Logistics & Transportation Review*,2015,75(1): 145-163.

[2] Baker E J. Hurricane Evacuation in the United States [R]. *Tallahassee:Florida State University*,1998.

[3] Barbarosoǧlu G,Özdamar L & Çevik A. An Interactive Approach for Hierarchical Analysis of Helicopter Logistics in Disaster Relief Operations[J]. *European Journal of Operational Research*,2002,140(1): 118-133.

[4] Barrett B,Ran B & Pillai R. Developing a Dynamic Traffic Management Modeling Framework for Hurricane Evacuation[M]// *Transportation Research Record*,2000:115-121.

[5] Ben-Tal A,Nemirovski A. Robust Convex Optimization[J]. *Math Operation Research*,1998,23: 765-805.

[6] Ben-Tal A,Nemirovski A. Robust Solutions of Linear Programming Problems with Uncertain Data[J]. *Math Programming*,2000,88: 411-424.

[7] Ben-Tal A,Nemirovski A. Robust Solutions of Uncertain Linear Programs[J]. *Operation Research Letter*,1999,25: 1-13.

[8] Bertsimas D,Sim M. Robust Discrete Optimization and Network Flows [J]. *Mathematical Programming*,2003,98: 49-71.

[9] Bertsimas D,Sim M. The Price of Robustness[J]. *Operations Research*, 2004,52: 35-53.

［10］Bocchini P,Frangopol D M. A Stochastic Computational Framework for the Joint Transportation Network Fragility Analysis and Traffic Flow Distribution Under Extreme Events[J]. *Probabilistic Engineering Mechanics*,2011,26:182-193.

［11］İbrahim Akgün,Gümüşbuğa F & Tansel B. Risk Based Facility Location by Using Fault Tree Analysis in Disaster Management[J]. *Omega*,2014,52:168-179.

［12］2007 California wildfires,https://en. wikipedia. orgwiki2007_California_wildfires.

［13］Campos V & Silva G,Lynette P B. Evacuation Transportation Planning: A Method of Indentifying Optimal Independent Routes [C]. Proceedings of Urban Transport V. WIT Press,Southampton,2000, 555-564.

［14］Chang M S,Tseng Y L & Chen J W. A Scenario Planning Approach for the Flood Emergency Logistics Preparation Problem under Uncertainty[J]. *Transportation Research Part E Logistics & Transportation Review*,2012,43(6):737-754.

［15］Chen X,Zhan F B. Agent-based Modeling and Simulation of Urban Evacuation: Relative Effectiveness of Simultaneous and Evacuation Etrategies [C]. The 83rd Transportation Research Board Annual Meeting. Washington DC: TRB,2004: 669-674.

［16］Choularton R. Complex Learning: Organizational Learning from Disasters[J]. *Safety Science*,2001,39(1-2):61-70.

［17］Church R L,Cova T J. Mapping Evacuation Risk on Transportation Networks Using a Spatial Optimization Model[J]. *Transportation Research Part C Emerging Technologies*,2000,8(1-6):321-336.

［18］Church R L,Sexton R M. Modeling Small Area Evacuation: Can Existing Transportation Infrastructure Impede Public Safety? [R] Santa Barbara: University of California,2000.

［19］Cova T J,Johnson J P. A Network Flow Model for Lane-based Evacuation Routing[J]. *Transportation Research Part A Policy & Practice*,2003,37(7):579-604.

［20］Dow K,Cutter S L. Public Orders and Personal Opinions: Household Strategies for Hurricane Risk Assessment[J]. *Environmental Haz-*

ards,2001,2(4):143-155.

[21] Drezner Z. Heuristic Solution Methods for Tow Location Problems with Unreliable Facilities[J]. *Journal of Operational Research Society*,1987,38(6): 509-514.

[22] Faturechi R,Miller-Hooks E. Travel Time Resilience of Roadway Networks under Disaster[J]. *Transportation Research Part B*,2014,70: 47-64.

[23] Fiedrich F,Gehbauer F & Rickers U. Optimized Resource Allocation for Emergency Response After Earthquake Disasters[J]. *Safety Science*,2000(35): 41-57.

[24] Franzese O,Han LD. Traffic Modeling Framework for Hurricane Evacuation [C]. The 80th Transportation Research Board Annual Meeting. Washington DC: TRB,2001:591-597.

[25] Fu H. Development of Dynamic Travel Demand Models for Hurricane Evacuation[J]. Louisiana State University,2004.

[26] G. Barbaroso ǧlu, Y. Arda. A Two-stage Stochastic Programming Framework for Transportation Planning in Disaster Response[J]. *Journal of the Operational Research Society*,2004,volume 55(1):43-53(11).

[27] 2010 Haiti earthquake, https://en. wikipedia. orgwiki2010 _ Haiti _ earthquake.

[28] Hooke W H. U. S. Participation in International Decade for Natural Disaster Reduction[J]. *Natural Hazards Review*,2000,1(1):2-9.

[29] Horst R,Pardalos P M & Thoai N V. 全局优化引论[M]. 北京:清华大学出版社,2003.

[30] Huang R,Kim S & Menezes M B C. Facility Location for Large-scale emergencies[J]. *Annals of Operations Research*, 2010, 181 (181): 271-286.

[31] Hurricane Katrina,https://en. wikipedia. orgwikiHurricane_Katrina.

[32] 2004 Indian Ocean earthquake and tsunami, https://en. wikipedia. orgwikiIndian_Ocean_tsunami.

[33] Jia H,Ordóñez F,Dessouky M. A Modeling Framework for Facility Location for Medical Services for Large-scale Emergencies[J]. *IIE Transactions*,2007(39): 41-55.

[34] Lewis D C. Transportation Planning for Hurricane Evacuations[J]. *Ite Journal*,1985,55(8):31-35.

[35] Liu Y. An Integrated Optimal Control System for Emergency Evacuation[J]. *Dissertations & Theses-Gradworks*,2007.

[36] Losada C,Scaparra M P & O'Hanley J R. Optimizing System Resilience: A Facility Protection Model with Recovery Time[J]. *European Journal of Operational Research*,2012,217(3):519-530.

[37] Medal H R,Pohl E A & Rossetti M D. A Multi-objective Integrated Facility Location-hardening Model: Analyzing the Pre-and Post-disruption Tradeoff[J]. *European Journal of Operational Research*, 2014,237(1):257-270.

[38] Mei B. Development of Trip Generation Models of Hurricane Evacuation[J]. Southeast University,China,2002.

[39] Mete H O,Zabinsky Z B. Stochastic Optimization of Medical Supply Location and Distribution in Disaster Management[J]. *International Journal of Production Economics*,2010,126(1):76-84.

[40] Millerhooks E,Patterson S S. On Solving Quickest Time Problems in Time-Dependent,Dynamic Networks[J]. *Journal of Mathematical Modelling & Algorithms*,2004,3(1):39-71.

[41] Mitchell S W,Radwan E. Heuristic Prioritization of Emergency Evacuation Staging to Reduce Clearance Time [C]. The 85th Annual Meeting of Transportation Research Board,Washington DC,2006.

[42] Murali P,Ordóñez F,Dessouky M M. Facility Location under Demand Uncertainty: Response to a Large-scale Bio-terror Attack[J]. *Socio-Economic Planning Sciences*,2012,46(1):78-87.

[43] Newkirk R T. The Increasing Cost of Disasters in Developed Countries: A Challenge to Local Planning and Government[J]. *Journal of Contingencies & Crisis Management*,2001,9(3):159-170.

[44] Plowman T. Danger! Hurricane Coming[J]. *Planning*,2001.

[45] Post B S,Jernigan I. Southeast United States Hurricane Evacuation Trafic Study,Reverse Lane Standards and ITS Strategies [R]. Technical Memorandum 3. Technical Report, Tallahassee, Florida, 2000, 20-24.

[46] Rawls C G,Turnquist M A. Pre-positioning and Dynamic Delivery

Planning for Short-term Response Following a Natural Disaster[J]. *Socio-Economic Planning Sciences*,2012,46(1):46-54.

[47] Rennemo S J,Rø K F,Hvattum L M,et al. A Three-stage Stochastic Facility Routing Model for Disaster Response Planning[J]. *Transportation Research Part E Logistics & Transportation Review*,2014,62 (2):116-135.

[48] Sattayhatewa P,Ran B. Developing a Dynamic Traffic Management Model for Nuclear Power Plant Evacuation [C]. The 79th Annual Meeting of the Transportation Research Board,Washington DC,2000.

[49] Sayyady F,Eksioglu S D. Optimizing the Use of Public Transit System During No-notice Evacuation of Urban Areas[J]. *Computers & Industrial Engineering*,2010,59(4):488-495.

[50] Scaparra M P. Optimal Resource Allocation for Facility Protection in Median Systems [R]. Working Paper,England:University of Kent,2006.

[51] September 11 attacks,https://en. wikipedia. orgwikiSeptember_11_ attacks.

[52] Sheu J B. An Emergency Logistics Distribution Approach for Quick Response to Urgent Relief Demand in Disasters[J]. *Transportation Research Part E*,2007,43:687-709.

[53] Sheu J B. Dynamic Relief Demand Management for Emergency Logistics Operations Under Large-scale Disaster[J]. *Transportation Research Part E*,2010,46:1-17.

[54] Sheu J B,Pan C. A Method for Designing Centralized Emergency Supply Network to Respond to Large-scale Natural Disasters[J]. *Transportation Research Part B*,2014,67:284-305.

[55] 2008 Sichuan earthquake,https://en. wikipedia. orgwiki2008_Sichuan _earthquake.

[56] Sinuany-Stern Z,Stern E. Simulating the Evacuation of a Small City:The Effects of Traffic Factors[J]. *Socio-Economic Planning Sciences*,1993,27(2):97-108.

[57] Sinuany-Stern Z,Stern E. Simulating the Evacuation of a Small City:the Effects of Traffic factors[J]. *Socio-Economic Planning Sciences*,

1993,27(2):97-108.

[58] Snyder L V,Daskin M S. Reliability Models for Facility Location: The Expected Failure Cost Case[J]. *Transportation Science*,2005,39(3): 400-416.

[59] Southworth F,Chin S M. Network Evacuation Modelling for Flooding as a Result of Dam Failure[J]. *Environment & Planning A*,1987,19 (11):1543-1558.

[60] Southworth F. Regional Evacuation Modeling: A State of the Art Review[J]. *Oak Ridge National Labs*,1991,11(5):511-521(11).

[61] Soyster A L. Convex Programming with Set-Inclusive Constraints and Applications to Inexact Linear Programming [J]. *Operations Research*,1973,21(5):1154-1157.

[62] Stepanov A,Smith M G. Multi-objective Evacuation Routing in Transportation Networks[J]. *European Journal of Operational Research*, 2009,198(2):435-446.

[63] Steven I,Opie K. Analysis and Modeling of Cape May County Roadway Elevations and Evacuation Routes Final Report[R]. New Jersey Institute of Technology. New Jersey,2006.

[64] 2011 Tohoku earthquake and tsunami,https://en. wikipedia. orgwiki2011_Tohoku_earthquake_and_tsunami.

[65] Tuydes H. Network Traffic Management under Disaster Conditions [D]. Northwestern University PhD Thesis,2005: 134-135.

[66] Tuydes H,Ziliaskopoulos A. The Network Evacuation Problem and Solution Algorithms [C]. INFORMS Annual Meeting,San Francisco, 2005: 345-353.

[67] Typhoon Haiyan,https://en. wikipedia. orgwikiTyphoon_Haiyan.

[68] Tzeng G H,Cheng H J & Huang T D. Multi-objective Optimal Planning for Designing Relief Delivery Systems[J]. *Transportation Research Part E Logistics & Transportation Review*,2007,43(6): 673-686.

[69] Urbina E,Wolshon B. National Review of Hurricane Evacuation Plans and Policies: A Comparison and Contrast of State Practices [J]. *Transportation Research Part A Policy & Practice*,2003,37(3):257-275.

[70] Yamada T. A Network of Approach to a City Emergency Evacuation Planning[J]. *International Journal of Systems Science*, 1996, 27 (10):931-936.

[71] Yang S. An On-line Emergency Vehicle Dispatching and Routing Model with Area Coverage Constraints [C]. The 84th Transportation Research Board Annual Meeting, Washington DC: TRB, 2005: 841-845.

[72] Yi W, Kumar A. Ant Colony Optimization for Disaster Relief Operations[J]. *Transportation Research Part E*, 2007, 43: 660-672.

[73] Yi W, Özdamar L. A Dynamic Logistics Coordination Model for Evacuation and Support in Disaster Response Activities[J]. *European Journal of Operational Research*, 2007, 179(3):1177-1193.

[74] Yu C S, Daoud, Li H L. Robust Optimization Model for Stochastic Logistic Problems[J]. *International Journal of Production Economics*, 2000, 64(1-3):385-397.

[75] Özdamar L, Ekinci E & Küçükyazici B. Emergency Logistics Planning in Natural Disasters[J]. *Annals of Operations Research*, 2004, 129(1-4):217-245.

[76] 安实,崔娜,崔建勋.应急疏散条件下家庭集聚行为的仿真研究[J].华南理工大学学报(自然科学版),2010,38(10):94-99.

[77] 陈茜,王炜.大型活动中突发事件对交通流的时空影响[J].交通运输工程学报,2009,9(3):81-85.

[78] 陈森,姜江,陈英武,等.未定路网结构下应急物资车辆配送问题模型与应用[J].系统工程理论与实践,2011,31(5):907-913.

[79] 城市消防站建设标准建标(152—2011)[M].北京:中国计划出版社,2011.

[80] 初建宇,马丹祥,苏幼坡.基于理想点的已知部分属性权重信息中心避难场所选址方法研究[J].自然灾害学报,2012,21(4):28-32.

[81] 褚龙现,刘高原.基于 Agent 的应急疏散模型研究[J].计算机技术与发展,2011,21(9):201-203.

[82] 方磊,何建敏.城市应急系统优化选址决策模型和算法[J].管理科学学报,2005,8(1):12-16.

[83] 高明霞,贺国光.动态系统最优的疏散路线与出发时间综合优化模型[J].系统管理学报,2009,27(6):73-77.

［84］葛春景,王霞,关贤军.重大突发事件应急设施多重桥头选址模型及算法［J］.运筹与管理,2011,20(5):50-56.

［85］葛洪磊,刘南.复杂灾害情景下应急资源配置的随机规划模型［J］.系统工程理论与实践,2014,34(12):3034-3042.

［86］耿彦斌,韦献兰.多集结点的应急交通时变疏散需求预测模型［J］.交通运输系统工程与信息,2010,10(4):131-136.

［87］韩传峰,孟令鹏,张超,孔静静.基于完全信息动态博弈的反恐设施选址模型［J］.系统工程理论与实践,2012,32(2):366-372.

［88］韩传峰,王兴广,孔静静.非常规突发事件应急决策动态作用机理［J］.软科学,2009,23(8):50-53.

［89］何理,钟茂华,史聪灵,石杰红.地铁突发事件下乘客疏散行为调查研究［J］.中国安全生产科学技术,2009,5(1):53-58.

［90］胡勇,宗真,罗文,袁林旺.多条件约束应急疏散路径分析的几何代数方法［J］.地理与地理信息科学,2012,28(5):47-50.

［91］黄隆飞,宋瑞,郑锂.大容量客车疏散路径模型选择［J］.交通信息与安全,2009,28(5):47-50.

［92］计雷,池宏,陈安,等.突发事件应急管理［M］.北京:高等教育出版社,2006.

［93］姜涛,朱金福.应急设施鲁棒优化选址模型及算法［J］.交通运输工程学报,2007,7(5):101-105.

［94］李进,张江华.基于路径的网络流控制应急疏散模型与算法［J］.自然灾害学报,2012,21(6):9-18.

［95］李进,张江华,朱道立.灾害链中多资源应急调度模型与算法［J］.系统工程理论与实践,2011,31(3):488-495.

［96］李蜜,王霞,关贤军.不可预警突发事件下城区应急交通分配模型及算例［J］.软科学,2011,25(3):121-125.

［97］李世威,牛惠民.一种基于方向模糊可视域的行人流疏散仿真研究［J］.交通运输系统工程与信息,2015,15(2):88-95.

［98］林建新,韦献兰,吴海燕,张蕊.基于S-网线的时变交通应急疏散需求预测［J］.交通信息与安全,2009,27(3):92-96.

［99］林姚宇,丁川,吴昌广,马婷,姜雪.城市高密度住区居民应急疏散行为研究［J］.规划师,2013,29(7):105-109.

［100］凌思维,杨斌,孙少文.基于需求分级的应急医疗资源配置［J］.广西大学学报(自然科学版),2014,39(2):358-364.

[101] 刘春林,施建军,何建敏.一类应急物资调度的优化模型研究[J].中国管理科学,2001,9(3):29-36.

[102] 刘明,赵林度.应急物资混合协同配送模式研究[J].控制与决策,2011,26(1):96-100.

[103] 刘勇,马良,宁爱兵.给定限期条件下应急选址问题的量子竞争决策算法[J].运筹与管理,2011,20(3):66-71.

[104] 陆相林,宋万杰,赵丽琴.市域应急物资储备库选址模型与实证—以石家庄市为例[J].经济地理,2014,34(4):40-45.

[105] 马浩博,季建华,何冰.大规模人流多出口应急疏散预案的优化与研究[J].系统管理学报,2011,20(2):238-243.

[106] 马军平,徐寅峰,张惠丽.紧急疏散中最优抗出错路径选择模型与算法[J].运筹与管理,2014,23(6):1-6.

[107] 缪成,许维胜,吴启迪.大规模应急救援物资运输模型的构建与求解[J].系统工程,2006,24(11):6-12.

[108] 牟瑞芳,杨锐,王列妮.熟悉环境条件下的公共场所人员疏散仿真模型研究[J].中国安全生产科学技术,2015,11(5):181-186.

[109] 倪冠群,徐寅峰,徐玖平.考虑道路通行能力的应急避难点选址模型及算法[J].中国管理科学,2015,23(1):82-88.

[110] 祁明亮,秦凯杰,赵琰.雪灾救援物资车辆—直升机联会运送的调度问题研究[J].中国管理科学,2014,22(3):59-67.

[111] 秦军昌,王刊良.基于跨期的应急物资库存模型[J].系统管理学报,2009,18(1):100-106.

[112] 荣莉莉,张继永.突发事件的不同演化模式[J].自然灾害学报,2012,21(3):1-6.

[113] 阮俊虎,王旭坪,杨挺.大规模灾害中基于聚类的医疗物资联合运送优化[J].中国管理科学,2014,22(10):80-89.

[114] 闪淳昌,莫于川.突发事件应急管理[M].北京:国家行政出版社,2006.

[115] 四兵锋,钟鸣,高自友.城市混合交通条件下路段阻抗函数的研究[J].交通运输系统与信息,2008,8(1):68-73

[116] 宋明安.紧急救灾物流配送系统模式构建[D].台湾:国立交通大学硕士论文,2005.

[117] 宋瑞,何世伟,章力.紧急疏散情况下的公交车运行计划优化研究[J].交通运输系统工程与信息,2009,9(6):154-160.

[118] 隋杰,万佳慧,于华.基于社会力的应急疏散仿真模型应用研究[J].系统仿真学报,2014,15(6):88-95.

[119] 田军,马文正,汪应洛,等.应急物资配送动态高度的粒子群算法[J].系统工程理论与实践,2011,31(5):898-906.

[120] 王海军,刘畅,王婧.应急储备库选址与资源配置随机规划模型研究[J].管理学报,2013,10(10):1507-1511.

[121] 王建伟,荣莉莉.突发事件的连锁反应网络模型研究[J].计算机应用研究,2008,25(11):3288-3291.

[122] 王新平,王海燕.多疫区多周期应急物资协同优化调度[J].系统工程理论与实践,2012,32(2):283-291.

[123] 王旭坪,李小龙,郭武斌.基于情景分析的应急路径选择研究[J].运筹与管理,2012,21(5):67-72.

[124] 王旭坪,马超,阮俊虎.考虑公众心理风险感知的应急物资优化调度[J].系统工程理论与实践,2013,33(7):1735-1742.

[125] 王永明,周磊山,刘铁民.非常规突发事件中的区域路网疏散能力评估与交通组织方案设计[J].系统工程理论与实践,2011,31(28):1608-1616.

[126] 吴国斌,王超.重大突发事件扩散的微观机理研究[J].软科学,2006,19(6):4-7.

[127] 吴健宏,翁文国,倪顺江.不同路径选择策略的城市疏散仿真研究[J].系统仿真学报,2013,25(1):122-126.

[128] 吴薇薇,宁宣熙.基于改善紧急疏散网络流通能力的仿真研究[J].中国管理科学,2006,14(3):86-91.

[129] 吴薇薇,宁宣熙.紧急疏散网络防堵塞改造研究[J].系统工程学报,2006,21(3):244-248.

[130] 肖俊华,侯云先.考虑多级覆盖衰减的双目标应急设施选址模型及算法[J].软科学,2012,26(12):127-131.

[131] 谢青梅.基于Logistic回归的应急疏散交通出行生成预测研究[J].中国人民公安大学学报(自然科学版),2010,(4):79-82.

[132] 许建国,池宏,祁明亮,计雷.应急资源需求周期性变化的选址与资源配置模型[J].运筹与管理,2008,17(1):11-17.

[133] 杨孝宽,魏恒.突发事件应急交通规划方法与应用[M].北京:中国建筑工业出版社,2010.

[134] 俞武扬,不确定网络结构下的应急物资鲁棒配置模型,控制与决策,

2013,28(12)：1898-1902.

[135] 俞武扬.基于交通阻断情景的应急资源布局问题研究.自然灾害学报，2013,22(3)：99-103.

[136] 俞武扬.基于情景分析的应急疏散车辆配置模型.运筹与管理,2015,24(2):135-139.

[137] 俞武扬.基于时间满意度的应急物资中转运输模型.系统管理学报,2013,22(6):882-887.

[138] 袁文燕,彭云,杨丰梅.基于危险化学品事故的双层次应急中心选址模型[J].系统工程理论与实践,2015,35(3):728-735.

[139] 张江华,刘治平,朱道立.多源点突发灾害事故应急疏散模型与算法[J].管理科学学报,2009,12(3):111-118.

[140] 张丽娟,张艳芳,赵宜宾,曾文艺.基于元胞自动机的智能疏散模型的仿真研究[J].系统工程理论与实践,2015,35(1):247-253.

[141] 张玲,陈涛,黄钧.基于最小最大后悔值的应急救灾网络构建鲁棒优化模型与算法[J].中为管理科学,2014,22(7):131-139.

[142] 张玲,王晶,黄钧.不确定需求下应急资源配置的鲁棒优化方法[J].系统科学与数学,2010,30(10):1283-1292.

[143] 张雄飞,史其信,He Rachel 等.紧急疏散条件下交通控制设施选址研究[J].交通运输系统工程与信息,2011,11(3):138-143.

[144] 张毅华,陈森发.应急疏散路径选择元胞传输宏观模型[J].系统管理学报,2009,18(6):676-680.

[145] 中华人民共和国国家发展和改革委员会.《应急保障重点物资分类目录(2015 年)》[EB/OL].北京：中华人民共和国国家发展和改革委员会，2015-04-10. http://www. ndrc. gov. cnzcfbzcfbtz/201504/t20150410_677159.html

[146] 中华人民共和国国家事务管理院.《国家突发公共事件总体应急预案》[EB/OL].北京：新华网,2006-01-08. http://news. xinhuanet. com/politics/2006-01/08/content_4023946. htm.

[147] 中华人民共和国国家事务管理院.《国家突发公共事件总体应急预案》[EB/OL].北京：中国政府网-中央人民政府门户网站,2005-08-07. http://www. gov. cnyjgl2005-08/07/content_21048. htm

[148] 中华人民共和国国家事务管理院.《中华人民共和国突发事件应对法》[EB/OL].北京：中国政府网-中央人民政府门户网站,2007-08-30. http://www. gov. cnflfg2007-08/30/content_732593. htm.

［149］朱建明.基于损毁情景的可靠连通应急设施选址问题［J］.电子科技大学学报（社科版）,2012,14(3):44-48.

［150］朱建明.损毁情景下应急设施选址的多目标决策方法［J］.系统工程理论与实践,2015,35(3):720-727.

［151］宗欣露,熊盛武,方志祥.基于蚁群算法的人车混合疏散优化及混合比例分析［J］.系统工程理论与实践,2012,32(7):1610-1617.

附　录

　　程序运行环境说明：本书所编写的程序以 Matlab R2010a 为基本编程语言，利用 Yalmip 工具箱调用 CPLEX、SeDuMi 等优化软件包，其中利用 Yalmip 工具箱中的 yalmiptest 命令测试所得结果如下所示：

```
+++++++++++++++++++++++++++++++++++++++++++++++++++++++++++++++++++
|              Test| Solution|              Solver message|
+++++++++++++++++++++++++++++++++++++++++++++++++++++++++++++++++++
| sdpvar/set methods|     N/A|   Successfully solved (YALMIP)|
|                LP| Correct| Successfully solved (CPLEX-IBM)|
|                LP| Correct| Successfully solved (CPLEX-IBM)|
|                QP| Correct| Successfully solved (CPLEX-IBM)|
|                QP| Correct| Successfully solved (CPLEX-IBM)|
|              SOCP| Correct| Successfully solved (CPLEX-IBM)|
|              SOCP| Correct| Successfully solved (CPLEX-IBM)|
|              SOCP| Correct| Successfully solved (CPLEX-IBM)|
|               SDP| Correct| Successfully solved (SeDuMi-1.3)|
|               SDP| Correct| Successfully solved (SeDuMi-1.3)|
|               SDP| Correct| Successfully solved (SeDuMi-1.3)|
|               SDP| Correct| Successfully solved (SeDuMi-1.3)|
|            MAXDET| Correct| Successfully solved (SeDuMi-1.3)|
|            MAXDET| Correct| Successfully solved (SeDuMi-1.3)|
|     Infeasible LP|     N/A| Infeasible problem (CPLEX-IBM)|
|     Infeasible QP|     N/A| Infeasible problem (CPLEX-IBM)|
|    Infeasible SDP|     N/A| Infeasible problem (SeDuMi-1.3)|
| Moment relaxation| Correct| Successfully solved (SeDuMi-1.3)|
|    Sum-of-squares| Correct| Successfully solved (SeDuMi-1.3)|
|       Bilinear SDP|     N/A|            No suitable solver|
+++++++++++++++++++++++++++++++++++++++++++++++++++++++++++++++++++
```

需要注意本书中的程序是按照 Yalmip 的格式进行编程的，建议不熟悉 Yalmip 格式的读者先看一下相关资料：http://users. isy. liu. se/johanl/ yalmip/pmwiki. php? n＝Tutorials. Installation

程序节选：

下面程序是 6.2 节中的程序：

```
===========================================================================
clear;
clc;
m = 10;      % 网络顶点数
% ================== 数据预处理 ==========================================

M = [0    74    92    Inf   Inf   Inf   Inf   Inf   Inf   Inf
     74    0    80    Inf   155   Inf   Inf   Inf   Inf   Inf
     92    80    0    60    Inf   262   214   Inf   Inf   365
     Inf   Inf   60    0    128   Inf   161   185   Inf   Inf
     Inf   155   Inf   128   0    Inf   236   143   Inf   Inf
     Inf   Inf   262   Inf   Inf   0    100   Inf   222   Inf
     Inf   Inf   214   161   236   100   0    249   128   Inf
     Inf   Inf   Inf   185   143   Inf   249   0    272   156
     Inf   Inf   Inf   Inf   Inf   222   128   272   0    131
     Inf   Inf   365   Inf   Inf   Inf   Inf   156   131   0];


M_p1 = M;
% 情景1:路径(4,7)(5,7)(7,8)(8,9)(9,10)中断
M_p1(4,7) = inf;
M_p1(7,4) = inf;
M_p1(5,7) = inf;
M_p1(7,5) = inf;
M_p1(8,7) = inf;
M_p1(7,8) = inf;
M_p1(8,9) = inf;
M_p1(9,8) = inf;
M_p1(9,10) = inf;
M_p1(10,9) = inf;
for i = 1 : m
  for j = 1 : m
    [P u] = n2shorf(M_p1,i,j);
    Dp1(i,j) = u;
  end
end
```

```
Sp1 = zeros(m,1);
Sp1_index = [4 7 9 10];
Sp1(4) = 120;Sp1(7) = 245;Sp1(9) = 90;Sp1(10) = 310;
% ============ 情景 1 时受灾点需求量及最短距离矩阵 =======================
Sp1;
Dp1;


M_p2 = M;
% 情景 2:路径(4,8)(7,8)(8,9)(9,10)中断
M_p2(4,8) = inf;
M_p2(8,4) = inf;
M_p2(7,8) = inf;
M_p2(8,7) = inf;
M_p2(8,9) = inf;
M_p2(9,8) = inf;
M_p2(9,10) = inf;
M_p2(10,9) = inf;
for i = 1 : m
  for j = 1 : m
    [P u] = n2shorf(M_p2,i,j);
    Dp2(i,j) = u;
  end
end
Sp2 = zeros(m,1);
Sp2_index = [8 9 10];
Sp2(8) = 220;Sp2(9) = 150;Sp2(10) = 350;
% ============ 情景 2 时受灾点需求量及最短距离矩阵 =======================
Sp2;
Dp2;



M_p3 = M;
% 情景 3:路径(3,6)(3,7)(4,7)(5,7)(7,8)(8,9)(8,10)中断
M_p3(3,6) = inf;
M_p3(6,3) = inf;
M_p3(3,7) = inf;
M_p3(7,3) = inf;
```

```
M_p3(4,7) = inf;
M_p3(7,4) = inf;
M_p3(5,7) = inf;
M_p3(7,5) = inf;
M_p3(7,8) = inf;
M_p3(8,7) = inf;
M_p3(8,9) = inf;
M_p3(9,8) = inf;
M_p3(8,10) = inf;
M_p3(10,8) = inf;
for i = 1 : m
    for j = 1 : m
        [P u] = n2shorf(M_p3,i,j);
        Dp3(i,j) = u;
    end
end
Sp3 = zeros(m,1);
Sp3_index = [3 6 7 8 10];
Sp3(3) = 120;Sp3(6) = 100;Sp3(7) = 240;Sp3(8) = 320;Sp3(10) = 280;
% ============ 情景3时受灾点需求量及最短距离矩阵 =========================
Sp3;
Dp3;


M_p4 = M;
% 情景4:路径(2,3)(4,5)(5,7)(5,8)中断
M_p4(2,3) = inf;
M_p4(3,2) = inf;
M_p4(4,5) = inf;
M_p4(5,4) = inf;
M_p4(5,7) = inf;
M_p4(7,5) = inf;
M_p4(5,8) = inf;
M_p4(8,5) = inf;
for i = 1 : m
    for j = 1 : m
        [P u] = n2shorf(M_p4,i,j);
        Dp4(i,j) = u;
```

```
    end
end
Sp4 = zeros(m,1);
Sp4_index = [2 3 4 5 8];
Sp4(2) = 80;Sp4(3) = 100;Sp4(4) = 120;Sp4(5) = 210;Sp4(8) = 340;
% ============ 情景 4 时受灾点需求量及最短距离矩阵 ========================
Sp4;
Dp4;


M_p5 = M;
% 情景 5:路径(3,7)(3,10)(4,7)(4,8)(5,7)(5,8)中断
M_p5(3,7) = inf;
M_p5(7,3) = inf;
M_p5(3,10) = inf;
M_p5(10,3) = inf;
M_p5(4,7) = inf;
M_p5(7,4) = inf;
M_p5(4,8) = inf;
M_p5(8,4) = inf;
M_p5(5,7) = inf;
M_p5(7,5) = inf;
M_p5(5,8) = inf;
M_p5(8,5) = inf;


for i = 1 : m
  for j = 1 : m
    [P u] = n2shorf(M_p5,i,j);
    Dp5(i,j) = u;
  end
end
Sp5 = zeros(m,1);
Sp5_index = [5 6 7 8];
Sp5(5) = 160;Sp5(6) = 120;Sp5(7) = 200;Sp5(8) = 260;
% ============ 情景 5 时受灾点需求量及最短距离矩阵 ========================
Sp5;
Dp5;
```

```
SP = [Sp1 Sp2 Sp3 Sp4 Sp5];
DP = [Dp1 Dp2 Dp3 Dp4 Dp5];


C = 1200000;



% ================= 各区域配置应急物资的可变费用 =======================
d_i = [1200,1100,1000,1100,1000,1500,1100,1100,1500,1000]';



% ================= 各区域补偿应急物资的可变费用 =======================
S_i = [1900,1700,1800,2000,1800,1800,1600,1900,1800,1700]';


% ================ 各区域配置应急物资的固定费用 =======================
f_i = [24000,22000,34000,35000,12000,24000,21000,15000,32000,31000]';


% ================ 各区域配置应急物资的容量限制 =======================
C_i = [400,200,300,380,460,490,320,150,160,400]';


% ================ 各情景模式对应的概率 ===============================
p = [0.30 0.25 0.20 0.10 0.15];



x_i = sdpvar(m,1,'full');    % == 定义实变量
r_i = binvar(m,1,'full');    % == 定义 0 - 1 变量
y1_ij = sdpvar(m,m,'full');
z1_j = sdpvar(m,1,'full');
y2_ij = sdpvar(m,m,'full');
z2_j = sdpvar(m,1,'full');
y3_ij = sdpvar(m,m,'full');
z3_j = sdpvar(m,1,'full');
y4_ij = sdpvar(m,m,'full');
z4_j = sdpvar(m,1,'full');
y5_ij = sdpvar(m,m,'full');
z5_j = sdpvar(m,1,'full');
theta = sdpvar(5,1,'full');
x_star = [];
```

```
ro_x = [ ];
fv = [ ];
ff = [ ];
for lambda = 0 : 0.1 : 2

kxi1 = (sum(sum(Dp1. * y1_ij)) + S_i' * z1_j);
kxi2 = (sum(sum(Dp2. * y2_ij)) + S_i' * z2_j);
kxi3 = (sum(sum(Dp3. * y3_ij)) + S_i' * z3_j);
kxi4 = (sum(sum(Dp4. * y4_ij)) + S_i' * z4_j);
kxi5 = (sum(sum(Dp5. * y5_ij)) + S_i' * z5_j);

kxi_f = p(1) * kxi1 + p(2) * kxi2 + p(3) * kxi3 + p(4) * kxi4 + p(5) * kxi5;
pxi_f = p(1) * [kxi1 - kxi_f + 2 * theta(1)] + p(2) * [kxi2 - kxi_f + 2 * theta(2)] + p
(3) * [kxi3 - kxi_f + 2 * theta(3)] + p(3) * [kxi4 - kxi_f + 2 * theta(4)] + p(5) *
[kxi5 - kxi_f + 2 * theta(5)];
f = (d_i' * x_i + f_i' * r_i + kxi_f) + lambda * pxi_f;


F = set(x_i> = 0) + set(y1_ij> = 0) + set(z1_j> = 0) + set(y2_ij> = 0) + set(z2_j
> = 0) + set(y3_ij> = 0) + set(z3_j> = 0) + set(y4_ij> = 0) + set(z4_j> = 0) +
set(y5_ij> = 0) + set(z5_j> = 0)…
+ set(x_i< = C_i. * r_i) + set(d_i' * x_i + f_i' * r_i< = C) + set(sum(y1_ij,2)< = x
_i) + set(sum(y1_ij,1)' + z1_j> = Sp1) + set(sum(y2_ij,2)< = x_i) + set(sum(y2_ij,
1)' + z2_j> = Sp2)…
+ set(sum(y3_ij,2)< = x_i) + set(sum(y3_ij,1)' + z3_j> = Sp3) + set(sum(y4_ij,2)
< = x_i) + set(sum(y4_ij,1)' + z4_j> = Sp4) + set(sum(y5_ij,2)< = x_i) + set(sum
(y5_ij,1)' + z5_j> = Sp5)…
+ set(kxi1 - kxi_f + theta(1)> = 0) + set(kxi2 - kxi_f + theta(2)> = 0) + set(kxi3
- kxi_f + theta(3)> = 0) + set(kxi4 - kxi_f + theta(4)> = 0) + set(kxi5 - kxi_f +
theta(5)> = 0) + set(theta> = 0);


solvesdp(F,f);
y1 = double(y1_ij);
y2 = double(y2_ij);
y3 = double(y3_ij);
y4 = double(y4_ij);
y5 = double(y5_ij);
```

```
z = [double(z1_j) double(z2_j) double(z3_j) double(z4_j) double(z5_j)];
x_star = [x_star double(x_i)];
ro_x = [ro_x [double(kxi1 - kxi_f);double(kxi2 - kxi_f);double(kxi3 - kxi_f);double(kxi4 - kxi_f);double(kxi5 - kxi_f)]];
fv = [fv double((d_i' * x_i + f_i' * r_i + kxi_f))];
ff = [ff double(f)];
end
plot(0 : 0.1 : 2,ff,'v - .',0 : 0.1 : 2,fv,'* -',0 : 0.1 : 2,max(ro_x),'rd -')
legend('目标函数值','配置期望值','最大偏差值')
xlabel('\lambda')
x_star
y1
y2
y3
y4
y5
z
```

===

===

最短路程序：
```
function [P u] = n2shorf(W,k1,k2)
% P 为两顶点 k1,k2 之间的最短路,顶点以经过次序进行排序
% u 为最短路的长度
n = length(W);
U = W;
m = 1;

while m< = n
  for i = 1 : n
    for j = 1 : n
      if U(i,j)>U(i,m) + U(m,j)
          U(i,j) = U(i,m) + U(m,j);
      end
    end
  end
end
```

170

```
m = m + 1;
end
u = U(k1,k2);
```

```
% 求任意给定两个顶点间的最短路所包含的顶点
P1 = zeros(1,n);
k = 1;
P1(k) = k2;
V = ones(1,n) * inf;
kk = k2;
while kk~ = k1
for i = 1 : n
  V(1,i) = U(k1,kk) - W(i,kk);
  if V(1,i) == U(k1,i)
      P1(k + 1) = i;
      kk = i;
      k = k + 1;
   end
end
end
k = 1;
wrow = find(P1~ = 0);
for j = length(wrow):( - 1):1
P(k) = P1(wrow(j));
k = k + 1;
end
P;
```

===

下面程序为 7.3 节中的程序：

===

```
% % 基于鲁棒优化的路网保护决策主程序(模拟退火算法)

clear;
clc;
A_1 = xlsread('data_A');                            % 原始网络模型
A_O = triu(A_1) + triu(A_1)';
N = size(A_1,1);                                    % 需求点个数
```

```
N_1 = [9 22];                                    % 应急设施点集合
A_path = [3 4;4 5;2 7;8 9;10 11;14 15;20 22;13 24];        % 可能阻断的路径集合
C1_path = [20000;18500;54500;35000;12500;25500;15400;20500];    % 路径保护成本
C2_path = [80000;68000;105000;125000;50000;80500;65000;95800];  % 路径修复成本
C = 100000;                              % 可用路径保护预算
le = size(A_path,1);
% % ======================================================================
% % % ===================== 下面计算相关基础数据 =========================
% % % ======================================================================
A1_temp = zeros(N,N);
for i1 = 1 : le
   A1_temp(A_path(i1,1),A_path(i1,2)) = 1;
end
A1_temp = triu(A1_temp) + triu(A1_temp)';
A1_p = find(A1_temp);                    % 将阻断路径集合的表示进行转换


d1_path = zeros(N,N * N);
d2_path = zeros(N,N * N);
dmin_path = zeros(N,N * N);


% % ======= 下面计算无阻断路径时各需求点到应急设施点的最小距离之和 ========


d1 = ktonshf(A_O,N_1(1));
d2 = ktonshf(A_O,N_1(2));
dmin = min(d1,d2);
fmin = sum(dmin);                        % 各需求点到应急设施点的最小距离之和
mu1 = 9499;                              % 成本与应急出救效率的权衡指标

gamma1 = 2;                              % 对灾害造成道路同时中断的数量上限估计

kxi = kxi_gen(le);                       % 生成所有可能的道路中断及保护策略的集合


% % 初始化
T0 = 100;                                % 初始温度
Tend = 0.01;                             % 终止温度
```

```
q = 0.95;                              % 降温速率


% % 生成初始可行解集 S
t1 = find(kxi * C1_path< = C);
S = kxi(t1,:);
L = size(S,1);
i = randint(1,1,[1,L]);
xa = S(i,:);                           % 生成一个随机可行
SU = [];                               % 已计算最坏情景集
[f_min,y_max,SU] = fun_robust(C1_path,C2_path,N_1,A_O,A_path,gamma1,xa,le,mu1,
kxi,SU);


% % 初始保护策略的目标函数值
x_min = xa;
T = T0;
Trace = [];                            % 记录每代的最优目标函数值


while T>Tend
  xa_n = cross_oper(x_min,S);          % 交叉算子操作
  xa_n = mute_oper(x_min,S);           % 变异算子操作
[fn_obj,y_p,SU] = fun_robust(C1_path,C2_path,N_1,A_O,A_path,gamma1,xa_n,le,mu1,
kxi,SU);


    % % 根据 Metropolis 准则进行解的变换
    if fn_obj<f_min
      f_min = fn_obj;
      x_min = xa_n;
      y_max = y_p;
    else
      if exp((f_min - fn_obj)/T)>rand
          f_min = fn_obj;
          x_min = xa_n;
          y_max = y_p;
      end
end
Trace = [Trace f_min];
T = T * q;                             % 退火温度降低
end
```

```
f_min

x_min

y_max

% toc;

xa = zeros(1,8);

[f_1,y_max,SU] = fun_robust(C1_path,C2_path,N_1,A_O,A_path,gamma1,xa,le,mu1,
kxi,SU);

gap_f = f_1 − f_min

set(gca,'Position',[.13 .17 .80 .74]);

plot(Trace,'∗ −')

title('模拟退火算法迭代进程图')

xlabel('迭代代数')

ylabel('目标函数值')

f_kxi(y_max,A_O,A_path,N_1)
```

===

需要调用的函数:

===

```
function  y = f_kxi(kxi,A_O,A_path,N_1)


% 判断各种情景下设施点到各需求点的最短出救距离是否改变
M = 1000000;
r1 = find(kxi);    % 给定某种情景
A_N = A_O;
for i = 1 : length(r1)
A_N(A_path(r1(i),1),A_path(r1(i),2)) = M;
A_N(A_path(r1(i),2),A_path(r1(i),1)) = M;      % 生成该种情景下的距离矩阵
end

d1 = ktonshf(A_N,N_1(1));
d2 = ktonshf(A_N,N_1(2));
dmin = min(d1,d2);
y = sum(dmin);
```

==

==

```
function D = ktonshf(W,k)
% 求固定点 k 到其他顶点的最短距离

n = size(W,1);
D = zeros(1,n);
for i = 1 : n
    d = n2shorf(W,k,i);
    D(i) = d;
end
```

==

```
function kxi = kxi_gen(le)
% 本程序用于给出所有可能的道路保护组合,也表示所有可能的道路中断组合
% 参数 le 表示可能中断的道路数目

for i = 1 : 2^le
    r1 = i - 1;
    for j = 1 : le
        c1 = r1 - floor(r1/2) * 2;
        kxi(i,le + 1 - j) = c1;              % 利用二进制数表示中断的情景
        r1 = floor(r1/2);
    end
end
```

==

```
function [y,y_p,SU] = fun_robust(C1_path,C2_path,N_1,A_O,A_path,gamma1,xa,le,
mu1,kxi,SU)
% 本程序用于寻找给定道路保护策略 xa 条件下,最坏的道路中断情景

a = ones(1,le);
if sum(xa) + gamma1> = le
```

```
    y = xa * C1_path + (a - xa) * C2_path + mu1 * f_kxi(a - xa,A_O,A_path,N_1);
    y_p = a - xa;
else
    [y1,y_p,SU] = max_fun(A_O,A_path,C2_path,N_1,gamma1,xa,mu1,kxi,SU);
    y = xa * C1_path + y1;
end
```

===

===

```
function xa_n = cross_oper(xa,S)
% 交叉算子
k = size(xa,2);
r = randint(1,1,[1,k]);
xa_n = [xa(r + 1 : end) xa(1 : r)];
ix = ismember(xa_n,S,'rows');
while ix<1
    r = randint(1,1,[1,k]);
    xa_n = [xa_n(r + 1 : end) xa_n(1 : r)];
    ix = ismember(xa_n,S,'rows');
end
```

===

===

```
function xa_n = mute_oper(xa,S)
% 变异算子

k = size(xa,2);
xa_n = xa;
r = randint(1,1,[1,k]);
xa_n(r) = 1 - xa_n(r);
ix = ismember(xa_n,S,'rows');
while ix<1
    r = randint(1,1,[1,k]);
```

```
        xa_n(r) = 1 - xa_n(r);
        ix = ismember(xa_n,S,'rows');
end
```

===

===

```
function [y,y_p,SU] = max_fun(A_O,A_path,C2_path,N_1,gamma1,xa,mu1,kxi,SU)
% 本程序用于确定道路中断的最坏情景,用于保护道路数与中断道路数之和小于可能中
断数 le 的情况
% SU 是已计算最坏情景集
if isempty(SU)
    SU1 = [];
    f_SU1 = [];
else
    SU1 = SU(:,1 : end - 1);
    f_SU1 = SU(:,end);
end

xa_find = find(xa);
xa_le = length(xa_find);
S = [];
for i = 1 : size(kxi,1)
    if sum(kxi(i,xa_find)) == 0              % 排除受保护的道路
        S = [S;kxi(i,:)];
    end
end
S_sum = sum(S,2);
z = find(S_sum == gamma1);                   % 限定最坏情景中断道路数
S1 = S(z,:);                                 % 最坏道路中断情景集

f_SY = [];
SY = [];
for i = 1 : size(S1,1)
    ya = S1(i,:);
```

177

```
    [tf,loc] = ismember(ya,SU1,'rows');
    if tf == 1
        f_SY = [f_SY;f_SU1(loc)];
    else
        y_temp = ya * C2_path + mu1 * f_kxi(ya,A_O,A_path,N_1);
        SU1 = [SU1;ya];
        f_SU1 = [f_SU1;y_temp];
        f_SY = [f_SY;y_temp];
    end
end
SU = [SU1 f_SU1];
[y,y_loc] = max(f_SY);
y_p = S1(y_loc,:);
=============================================================================
```

索　引